박두진 시전집

4

일러두기

· 이 책은 시인 박두진 탄생 100주년을 맞아 홍성사가 출간하는 〈박두진 시 전집〉 가운데 넷째 권입니다. 《水石列傳(수석열전)》(1973)이 실린 《박두진 전집 4—詩Ⅳ》(범조사, 1982)의 내용을 그대로 보존하면서, 새로운 판형과 표지·내지 디자인에 담았습니다. (단, 원문에 표기된 한자어 가운데 일부 는 한글로 표기했고, 일부는 괄호 안에 독음을 표기했습니다.)
· 본문 뒤의 "해설"은 1982년 출간된 전집에 실린 것입니다.
· 본문에서 《 》는 저서 제목, 〈 〉는 작품(주로 시) 제목을 나타내며, 「 」는 인용구를 나타내거나 강조를 위해 사용한 것입니다.

朴斗鎭 詩全集 4

《水石列傳(수석열전)》

박두진 시 전집 4

홍성사

예술 작품을 통해 우리는 작가가 구현하고자 한 세계는 물론 그의 일생을 돌아봅니다. 깊은 감동과 울림 가운데 영원히 기억되며 불멸의 예술혼으로 간직되는 작품세계는 많은 이들에게 영향을 끼치며, 그 자체로 살아 있는 역사가 됩니다.

나의 아버지 박두진은 예술이 무엇이고 삶이 무엇인지에 대한 근원적인 생각을 작품을 통해 이야기하며 큰 생각과 큰 마음으로, 자상함과 여유로운 가슴으로, 맑고 순수한 그의 예술세계를 이루어 나가셨습니다.

하늘에서 쉬고 계시는 아버지에 대한 그리움을 어찌 말로 다 표현할 수 있겠습니까만, 감사하게도 우리는 작품을 통해 아버지의 시세계를 다시 만날 수 있고, 가슴에 담게 됩니다.

박두진 탄생 100주년을 맞으며 문학에 대한 깊은 애정으로 이 전집을 간행해 주신 홍성사 정애주 대표님과 직원 여러분께 감사드립니다.

2018년 4월
박영하

발간사

自序（자서）————

지난 40여 년 동안의 작품을 전집으로 묶게 되었다. 지금까지의 전 작품을 일단 정리、결산할 기회를 갖는 셈이다.

그동안 좀더 좋은 문학을 할 수 있었더라면 하는 자책과 아쉬움이 앞서지만、이제 와서 후회를 한대도 어쩔 수 없는 일이다.

작품이란 언제나 그 작자를 떠난 독립된 대상으로서 끊임없는 역사의 심판과 엄정한 문학적 비평을 감수하지 않을 수 없는 숙명을 지니고 있기 때문이다.

무엇을 얼마만큼 어떻게 해왔는가 하는 것을 스스로 돌이켜 볼 때、문학을 한다는 일의 어렵고 두려움을 새삼스럽게 실감한다.

이 전집은 우선 1982년까지의 작품을 장르별 연대순으로、그리고 한 장르 안에서는 주제별 연대순의 원칙 아래 적당한 신축성을 두고 편찬했다.

이 전집의 각권을 편찬한 이후의 것과 앞으로 계속 써서 발표하거나、단행본으로 따로 출간되는 것도 전집으로서 속간、보충해 나갈 것이다.

우리 문학에 대한 깊은 애정과 출판문화인으로서의 뜨거운 사명감으로、이 방대한 전집을 계획、간행해 주시는 汎潮社(범조사) 金亨模(김형모) 사장의 각별한 후의에 깊은 감사의

7 — 6

뜻을 표하며, 실무진 여러분의 노고에도 치하를
드린다.

창천동에서 박두진

1982년 4월 20일

차례

발간사 4

自序(자서) 6

《水石列傳(수석열전)》

自序(자서) 18

수석열전 I
1. 天台山(천태산) 上臺(상대) 22
2. 새의 잠 23
3. 순결 24
4. 仁壽峯(인수봉) 25
5. 젊음의 바다 27

수석열전 II
6. 대금 30
7. 포옹 31
8. 大鷲(대취) 33
9. 맹조의 게 35
10. 靑銅馬(청동마) 首(수) 37

수석열전 III
11. 창세기 파도 40
12. 水刻文字(수각문자) 43

28. 戀慕峯(연모봉) 70
29. 石假面(석가면) 비로 72
30. 민둥설 遠山(원산) 73

수석 열전 Ⅶ

31. 산우롱 76
32. 어면 맹세 77
33. 반달 78
34. 난파선 79
35. 稚龍圖(치룡도) 80

수석 열전 Ⅷ

36. 산설경 82
37. 토르소 83
38. 밤의 강 85
39. 모녀상 87
40. 至聖山(지성산) 89

수석 열전 Ⅸ

41. 검정나비 92
42. 달의 파도 93
43. 菊水里(구수리) 출토 신석기시대 磨製石斧銘(마제석부명) 94
44. 초상② 95
45. 유방 97

수석 열전 Ⅹ

61. 당신의 城(성) —————122
62. 저 고독 —————123
63. 바다의 이야 —————124
64. 등고선 —————125
65. 十戒(십계) —————126

수상일전 XIV

66. 해안선 절벽 —————128
67. 름느와름의 소녀 —————130
68. 流轉圖(유전도) —————131
69. 산고개 —————133
70. 학의 傳喝(전갈) —————134

수상일전 XV

71. 피껀인뒤 —————138
72. 魔(마)의 늪 —————139
73. 가을산 —————140
74. 戀(연) —————141
75. 한반도 —————143

수상일전 XVI

76. 難破圖(난파도) —————146
77. 아들고·히를러 像(상) —————147
78. 순례자 —————149
79. 주사체 —————150
80. 月郎峯(월랑봉) —————151

《水石列傳(수석열전)》 ——

이 시집 《水石列傳(수석열전)》은 나의 제9시집、
이번에 내는 것 중 세 번째 것이 된다.

연작시 《수석열전》은 1972년 8월호부터
1973년 12월호까지 〈현대문학사〉 발행의
《시문학》과 《현대문학》에 연재해 온 것이다.
지금까지 시를 써오는 동안 이 《수석열전》처럼
의욕적으로、 집중적으로 전력을 기울인 일은
드물었다.

시를 쓰기 위해서 水石(수석)을 채집한 것은
아니었지만、 수석의 세계에 몰입하면서 시의
세계와의 깊은 만남을 알았고 그것이 하나의
경이로까지 느껴지게 되었다.

자연의 精粹(정수)이자 핵심、 자연이 보여주는
어떤 구심적이며 초월적인 본체의 한 顯現(현현)을
보게 될 때、 그것은 곧 내가 지녀 온 시의 정신、 그
지향과 이상、 꿈과 바람의 가장 순수하고 탄력적인
대응을 체험하게 된 것이다.

마침내 나는 시를 쓰기 위해서 수석을 찾았고、
수석의 세계에 더 깊이 침잠하기 위해서 시를 썼다.
시와 수석이 서로 다른 것이 아니고、 나와
수석이 서로 다른 것이 아니며、 쓰고 또 써도、
찾고 또 찾아도、 그 하나로서의 두 세계、 바로
하나로서의 세 세계인 수석과 시와 나는 늘 하나의

즐거움과 놀라움、 하나로서의 신선한 만남과
그 근원적인 일체성、 한 영원한 相(상)으로서의
궁극적인 도달을 체험하게 한 것이다.

이 《수석열전》은 한 권의 시집으로서의 특별한
구성을 위해 많은 분들의 뜨거운 협조를 필요로
했다.

나 자신의 시집에 대한 이러한 의욕을 많은
제작비를 아끼지 않고 실현시켜 주신 一志社(일지사)
金聖哉(김성재) 사장과 李起雄(이기웅) 형에게
치하를 드리고、 무게 있는 표지 그림을 그려 주신
卞鐘夏(변종하) 화백에게 거듭 고마운 말씀을
드린다.

특히 《수석열전》을 크게 이채롭게 한 수석의
사진을 촬영해 주신 姜運求(강운구) 씨의 수고에
무어라 치하를 해야 할지 모르겠다.

1973년 11월 25일
박두진 씀

수석열전 I

1 · 天台山(천태산) 上臺(상대)

먼 恒河沙(항하사)
영겁을 바람 부는 별과 별의
혼들림
그 빛이 어려 산드랗게
화석하는 절벽
무너지는 꽃의 사태
별의 사태
눈부신、
아
하도 홀로 어느 날에 심심하시어
하늘 보좌 잠시 떠나
납시었던 자리.
한나절내 당신 홀로
노니시던 자리.

날으려 하지 않고 자겠다.

깊은 강 물흐름 고요 속에 누워

사나운 사자머리 사자 콧등에라도 앉은 채로

눈 귀 감고

입 다물고

날개 접고 발 가둥크려

옛날에 부르던 달큰한 노래도 잊어버리고

어제까지 따라오던

당신의 영상도 털어버리고

하늘의 저 뜬 구름

신선한 숲의 바람

꽃의 향기 풀의 향기

자잘한 아침의 햇살과

서느러운 달밤의 어제의 행복을 잊겠다.

가슴에 품었던 공포와 평화

날개로 헤쳐가던 창궁의 빛살도 버린 채

언제까지나 다만

잠에서 나 스스로 잠에서 깰 때까지

천년쯤 만년쯤

이대로 자겠다.

《水石列傳(수석열전)》

3 · 순결

남한강 정한 물도
씻고 가기를 저어했다.
옥순봉 바람결도 스쳐가기를
저어했다.
오월볕 싱싱한 햇살도 부끄러워할까 저어했다.
흰 살결 앳된 자랑
홀로 되려 시름겨워
어쩔까 안의 바램 홀로홀로 다져왔다.
하늘의 저 무한 푸르름은
너무 멀은 마음
혼자서 안의 외롬 희디희게 운다.

구름 위 푸른 이마

드설레는 바다를 잠재워 포옹하는

내 가슴

디디고 서서

지축의 흔들림을 버티는

내 무게의 전신을 아느냐.

비와 바람의 횡포

우뢰와 번개의 오만을 묵살하되

절름거려 흘리는

작은 사슴 떼의 핏방울과 울음

수리에게 쫓기는 산비둘기의 절박

짝을 부르는 작은 풀벌레들의

애절에 마음 꺾여

비끼는 저녁놀에 한 숨짓고

멀디 먼 밤 별의 반짝임에 오열하는

내 마음의 가녀림을

아느냐.

《水石列傳(수석열전)》

영겁을 몸에 익은 찬 얼음 달빛

大怒(대로)하면 뿜어올릴 안의

이 분화를

아 아직은 인내하는 의지의 이 오롯

찬란한 내 속의 속의

뜨거움을 아느냐.

하늘에서 쏟아지는 바다다 밀어라

땅에서 쏟아지는 바다다 밀어라

바다에서 쏟아지는 바다다 밀어라

무너지는 우리의 사랑을

무너지는 우리들의 나라를

무너지는 우리들의 세기를 삼키고도

너는 어제같이

일렁이고

퍼렇게 입을 벌려 삼키는 아침의 저 햇덩어리

퍼렇게 입을 벌려 삼키는 저 달덩어리

달덩어리

언제나 모두요 하나로

착한 자나 악한 자

우리들의 어제도 오늘도 내일도 꿈도 자랑도

슬픔도

《水石列傳(수석열전)》

파도 덮쳐.

너의 품에 용해하는

다만

끝없이 일렁이는

끝없이 정열하는 무한 넓이

무한 용량

푸르디푸른

너 천길 속의 의지

천길 속의 고요로다.

수석열전 Ⅱ

6 · 대숲

날아올라간 하늘소녀들의 상처의 핏자죽,
곧고 어지신 이들이 사시던 띠집의 주춧자리,
떨어져 있는
쫓기우던 새들의 깃쭉지의 깃터럭,
지금은 말라붙은 범의 똥의
옛일을 서걱이는 바람소리 읊조리고,
쉬어가고,
밤에 별들이 별밭에서 쏟아지고,
달빛 흠씬 젖고,
그때
쓸쓸한 사람들의 쓸쓸한 옛이야기
대숲소리 바람소리、
바람소리 대숲소리 .

눈과 눈이
심장과 심장이
핏줄과 핏줄이 서로 맞닿아도
끝내는 우리는
남이었습니다.

처음 태어날 때로 더러는 되돌아가고
처음 자라던 때로 더러는 되돌아가고
처음 익히던 버릇으로 더러는 되돌아가고
처음 배우던 낱말로 더러는 되돌아가도,

눈과 눈
심장과 심장
핏줄과 핏줄
혹은 마음과 마음이 서로 맞닿아도
끝내는 우리는
따로였습니다.

《水石列傳(수석열전)》

이른바 사상
이른바 생활
이른바 이념
이른바 이른바 무엇 무엇으로도
끝내는 외따로인
우리들의 너와 나
끝내는 우리들은
남이었습니다.

영원히 나는 나로 너일 수 없고
영원히 너는 너로 나일 수 없는
아, 어디일까
내가 나의 끝
내가 나의 안침
내가 나의 근원
먼먼 그 사막에서 되돌아오는
먼먼 외로움에서 되돌아오는
먼먼 눈물에서 되돌아오는,

먼먼 나 혼자가
나 혼자를 만나
비로소 그 하나로의
영원한 회귀
당신이신 당신 밖은 죽음이었습니다.
비로소 당신 안에 내가 삽니다.
비로소 당신 안에
외로움 이깁니다.

너 날개에서 뿌려내는 어둠

가장 밝으려 할 때의

내 시야를 뭉개고、

너 목에서 쏟아져 나오는 부르짖음

가장 총명하고자 하는

내 귓구멍을 막고、

부리는 붉은 갈색

쪼아도 또 자라나는

심장을 저미고、

발톱을 더 갈아라、더 할퀴고 할퀴라、

내리굴르는

무게로 춤추는 바위의 횡포에

전신으로 덧덮이라·

노을녘 혹은

해뜰녘의 신선한

《水石列傳(수석열전)》

네 눈의 광채 깃의 광채

묶여서 너를 보는 무한 황홀의

가슴팍에 돌벼랑에

쌍무지개 선다.

어디서 너는 날고 있니?
어디로 너는 날아갔니?
언제쯤 너는 날아오니?

그 나무도 잎새도
하늘도 구름도 바람도
다 너의 것 나의 것
우리의 것이 아니냐?

땅 속에서 천년쯤,
땅 위에서 천년쯤,
하늘에서 천년쯤,
물 속에서 바람 속에서 햇살 속에서
천년쯤,

네 노래로 은실을 자아 별과 별을 이어놓고
네 날개로 파도 일궈

《水石列傳(수석열전)》

해와 달을 목욕씻고

남에서 북
북에서 남에까지、
동에서 서
서에서 동에까지、

살아서 삶음의 끝
죽어서 죽음의 끝
끝에서 시작으로 그 처음의 하늘로
되돌아와、

이제는 나란하게 우리들의 하늘
우리들의 아침을
날개쳐 살자.

목으로 감기는

흰 구름

눈으로 푸르디푸른 눈물로

적시는 우주.

굽이치는 흐느낌

성 무너뜨리고,

강 멀리 바다 멀리 하늘 멀리

꿈,

저녁노을 황토바람

번갯불 튀고,

네 굽、 네 굽、 알말등에

달 떨어진다.

《水石列傳(수석열전)》

수석열전 Ⅲ

태초에
태초에
천지 지으시다.

공허와
혼돈、

태초에
태초에
물을 빚으시다.

흑암과
깊음、

물 위에 물이 있고
물 아래 물
물 밖에 물 속에
물 앞에 물、

하느님은
물 위를
가시다.

빛

어둠、

빛으로 빛을 빚어

낮이라 하시다.

어둠으로

어둠을 빚어

밤이라 하시다.

저녁이 되며

아침이 되니

둘쨋날이러라.

궁창은 곧

하늘、

물 아래 물 위에

물 속에

하늘、

하늘 속에

궁창 속에

물에 겹겹

《水石列傳(수석열전)》

하늘、

천지에 모두 모인 물을

바다라 하시다.

찰름대는 처음

바다

바다 파도소리.

처음 푸른

하늘의 바다

바다 파도소리.

저녁이 되며

아침이 되니

셋째날이러라.

가다가 가다가 시나브로

물로 획을 그어

십만년의 열 곱 만에

글자 한 자

썼다.

지나가다가 다음에도

넌짓 살펴보고

가만가만 손 더듬어

자획 익혀보며

십만년을 또 열 곱 만에

글자 한 자 썼다.

파여지는 자획마다

칠색 무지개

물에 비친 햇볕살에

물살 무지개、

더러는 앞의 전갈

귀 기울여

《水石列傳(수석열전)》

듣고

뒤로 뒤로 속의 말뜻

전해주었어도

너무 오래 해 거듭한

옛글자 몇 날

새겨놓고도 무슨 잔지

다 잊어버렸다.

저것은 억수
하늘 땅 물이 되어
다 무너지고、
강이 되어 바다가 되어
다 떠내려가고、

저것은 개벽
하늘이 되어 무너져내리는
우뢰와 우뢰의
지붕
맞부딪는 불의 번개
지질리는
불꽃.

저것은 바다
푸르디푸른 폭포얼음
물의 물기둥

《水石列傳(수석열전)》

뒤집히며 우르릉거리는

하늘 땅
절정.

먹구름
미친
바람、
물의 불 불의 물의
번쩍이는 휘장
저 용과 용 용과 용의
만년 만의
해후.

뿔、뿔과 눈망울
수염과 비늘
발톱과 어금니와 꼬리와 저 뱃바닥
귓부리와 콧구멍
아래턱과 등빠디
손아귀의 여의주의
천둥번개 천둥、

저 머스매용과 처녀용의
전신 용틀임
틀어 오르고 엉켜져 오르며
전율 맞닿아、

극과 극

음과 양의

운우 쏟아진다.

낮의 밤 밤의 낮의
뜨거운 잉태
용의 새끼 용의 새끼
아침 푸들댄다.

《水石列傳(수석열전)》

14 · 內塔(내탑)

물소리 여울소리에
한층 쌓이고
달빛 푸름 달빛 쌓여
한층 올라가고
바람의 울음
기러기 울음에
한층 쌓이고
되돌아보는 산길 멀리
옛날 아낙네
고개 넘다 뿌리는 한숨에
한층 쌓였다.
강에 어린 달그림자
탑그림자
열두 층
달에 씻기고 남은 층계
꿈 서서 꾼다.

햇살을 뭉쳐서 다져서 넣으면 너의 얼굴이 될
것이다.

달빛을 뭉쳐서 다져서 넣으면 너의 얼굴이 될
것이다.

바람을 뭉쳐서 다져서 넣으면 너의 얼굴이 될
것이다.

눈물을 뭉쳐서 다져서 넣으면 너의 얼굴이 될
것이다.

꿈을 뭉쳐서 다져서 넣으면 너의 얼굴이 될
것이다.

무지개를 뭉쳐서 다져서 넣으면 너의 얼굴이 될
것이다.

옛날을 옛날을, 그리고 또
내일을 뭉쳐서 다져서 넣으면 너의 얼굴이 될
것이다.

《水石列傳(수석열전)》

수석열전

IV

잘 자라 암표범

물소리 파도소리 귀밑에 접고

오대주 육대양은 턱밑에 괴고

세계는 너의 앞의 발바닥의 마당

달리던 가을 산은 오색 꽃주름

잘 자라 암표범

너 혼자 자는 얼굴 낮의 가을 꿈

허릴 굽혀 하늘님도 살펴보시고

가만가만 가을햇살 어깨 쓰다듬고

밤에는 멀디멀은 별이야기 총총

자다 문득 깰 때까지

잘 자라 암표범.

하늘의 가을이 물로 내려
푸르디푸른
강이 됐다.

하늘의 바람이 물로 내려
푸르디푸른
돌이 됐다.

그 아침
쌓인 햇살

가을 잎새
한 잎,

생각하는 물의 무게
돌의 잎새
외로움,

《水石列傳(수석열전)》

너무 오랜 안의 침묵

절로 달아

뜨거워,

먼 먼 별이 된다

별이 내린다.

잎새가 흔들리고
가지가
나무가
숲이 흔들리고
산이 흔들리고
지축이 흔들리고

흔들리며 올라가는 물의 무너짐
구름 무너짐
소리 무너짐
하늘 무너짐

우러러도 나 혼자뿐
아무것도 없고
무지개도 두레박도
아무것도 없고
옷자락도 허리띠도

《水石列傳(수석열전)》

아무것도 없고

폭포여 해저물녘
너와 나의 적막
소리 울림 어둘녘의
너와 나의
적막

그 울음 울던 말굽소리
이제는 없고
하늘말의 말굽소리
이제는 없고

쏟아지는 흔들림의
소리만의 여기
산 첩첩 먼 하늘
밤이 쌓인다·

물의 물로 찢기운 푸른
상채기, 처음 아픈 부끄
러움 아물지 않어, 햇살
에도 열손가락 얼굴 파
묻고, 달빛에도 돌아서
서 두눈 가린다. 잃어
버린 어린 적의 너의 눈
길 이만치, 푸른 상처
매만지며 눈물 떨군다.

《水石列傳(수석열전)》

20. 완벽한 심장

으로 해서 너의 문을 들어갈까
혹은 으로 해서 너의 내부
너의 가장 안의 너의 너
너의 너의 속살을
들어가 볼 수 있을까
네가 정말로 드러내는 너의 산
네가 정말로 숨기는 너의 음향
네가 정말로 하고 싶은 너의 말을
들어 볼 수 있을까
밖으로부터도 너의 안은 낯으로 비쳐서 밝힐 수 없고
안으로부터도 너의 낯은 밖으로 비쳐서 밝히지 않는
다만
푸르디푸르게 견고한 지붕
푸르디푸르게 견고한 기둥
푸르디푸르게 말개진 벽
푸르디푸르게 충전된 안
그러한 둘레로 견고히 차 있을 뿐
싱싱한 황금의 햇살도 조용히 몸으로
철철한 밤의 어둠도 조용히 조용히
몸으로 빨아들여
낮과 밤 싱싱히 영원 혼자 있어

말하지 않고 듣지 않고 보지도 않고 있어

슬프지도 노하지도 기쁘지도 않고 있어

바람에도 파도에도 흔들리지 않고

사랑에도 독주에도 취하지 않는다.

천의 만의 억의 부피

천의 만의 억의 깊이

천의 만의 사색의 억의 갈필 지닌

너 의연하고 자약한

안의 푸른 무게

너는 너의 가장 안에

열 개의 뜨거운 태양을

열 개의 출렁대는 바다를

열 개의 태풍을

열 개의 개벽 천지 천지 개벽을 지니고도

무한 무한 침묵 속에 억만 명의 함성을

무한 무한 침묵 속에

억만 명의 깃발을

억만 명의 금나팔과

억만 명의 함창

그 황홀한 천지를 지니고도

지금은 다만 잠잠한

너, 나의 앞의 너의 너여

있으리로다.

《水石列傳(수석열전)》

수석열전 V

21. 빙벽무한

날새도 바람결도 얼어서 박히고
눈물도 옛날도 얼어서 박히고
꿈도 사랑도
달밤도 그 아침해도 얼어서 박히고
별들도 무지개도 얼어서 박히고
만남과 그 헤어짐
남과 죽음
榮華(영화)와 그 몰락
아우성도 환호도 얼어서 박히고
비수와 꽃
깃발도 그 개선가도 얼어서 박히고
얼어서 박히고……

천길 천길 낭떠러지

구름 끼고 번개 치고

가시덤풀 칡엉서리 범의 울음 이리떼

골짜기 너무 깊어 바라다만 보는 어머니

어머니

나 어찌 이렇게만

건너갈 수 없어요.

무지개 하늘다리 구름으로 구름다리

은하에는 까치다리

손 내밀어 손을 잡고 안아 당기려

해도

뿌리박힌 요지부동 스스로의 이 무게

아가 아가 목이 메어 홀로 흐느끼며

나 어찌 이렇게만

건너갈 수 없어요.

《水石列傳(수석열전)》

23. 산 老翁(노옹)

괘념하지 않고 사랑한다·
조바심하지 않고 기다린다·
비가운 보는
꿇여서 정련하여
황금의 순도로 가슴에 지고
세월과 바람과 물결과
구름
일일이 나이를 헤하리지 않는다·
다만 그것을 심다듬어
축복해 가꾸고
마음과 정성과 눈동자를 모두여
손가락이로
그리고 혀파람이로
동서남북 전후 좌우
지시내린다·
가을—
후두켜 떨어지는
어깨 위의 낙엽
무릎 위의 낙엽
머리 위의 눈썹 위의 콧등 위의
낙엽
천지 온통 따뜻하게
가을 내린다·

그 파도들의 사투리도 이제는

잊어버려서 모르겠다.

새들도 왔다가 쓸쓸해서 가버린다.

모래톱 거닐던

옛 표류인

의 희디하얀 백골도 이제는 잠들고

별에게도

달에게도

닿지 않는 손

잡히지도 가늠해지지도 않는

바람결

햇살도 무심히 멀리로 멀리로 돌아서 간다.

다만 밤

밤이 와서 둘러주는 포근한 깊은 장막

그 밤의 젖가슴에

그 무궁함에

무망의 환희에 전율할 때

아 뜨거운 살별 하나

가슴에 와 박힌다.

《水石列傳(수석열전)》

이쪽 지느러미에서 저쪽 지느러미까지는
남명에서 북명,
꼬리에서 머리
머리에서 꼬리까진 은하 黃道光(황도광)
삼만 삼천 구만 구천 십만 억천리다.
천지창창 하늘 날며
하늘 다스린다.
뜨거이 숨결 뿜어 해일
들끓이고,
날개로 쓸어 하늘 함빡
별들 흩뿌린다.
아 소용돌이 혼돈
아가미의 사자후, 몰려서 그
소리울림 천지 유랑한다.
일체의 물생들이
아침합창 한다.
스스로 그 힘에 겨워
낙하하는 곤
위로 뿜어 남명 북명 하늘 솟구친다.
절로 홀로 공허하여
우뢰 두들긴다.

수석열전 V

26 · 이유가 있는 절벽

말하라 너 푸른 절벽.

아무도 기어오를 수 없는 아득한 등마루,

다시는 돌이킬 수 없는 분노로 부딪치는

절규의 바다 파도 네 발밑의 바다 파도.

그 위에 쏟아지는

햇살과 하늘의 영원한 아침 축제

유유한 저 무한경영의 참의 뜻을 말하라.

말하라 너 푸른 절벽.

하늘 밑 번쩍이는 등마루의 네 칼날、

그 안에 오래 쌓인 절망과 인욕、

지금은 되살아나 분노로 폭발하는

폭발하는 의지의 순열도를 말하라.

동해 와서 친다.

가라앉아서 쳐다보는 하늘의 태양

하늘이 내려와 물 속으로 가라앉은

바다가 그 하늘이 된 하늘 속의 태양

파도가 그 영원한 젊음의 날개를 퍼덕일 때

넋이 그 파도를 차고 용으로 일어서는

여의주 바람을 불러 용으로 뒤척이는

꼬리에 매어달려 동해 와서 친다.

이마적 떨어져서 바다로 품에 품어

오고 오는 여러 세월 조국 지키는

돌 위의 돌 물 위의 물

그 해와 달을 물에 씻어 머리맡에 걸고

별과 별을 손바닥에 얼러 궁글린다.

용의 궁궐 물의 궁궐 하늘 넘나들며

동해 영겁 철석이는 자장가 잔다.

《水石列傳(수석열전)》

동남 동 서남 서、
북동 북 남동 남、
너 있을 곳 바라볼 때마다 생각하는
누가 내 마음을 알까
이 세상 아무도 알지 못하는 내 마음속 숨김을
누가 알까
바람이 불 때는 바람에 불리우며
비가 내릴 때는 비에 젖으며
햇살이 쬐일 때는 햇살 속에
달빛이 비칠 때는 달빛 속에
떠가는 구름에는 구름 속에
꽃에는 꽃
이슬에는 이슬 속에 모양 짓는 네 모습
네 음성
네 눈
잠잠한 침묵 속 불타는 너의 넋에
나도 달아
어찌 할 수 없는 조바심
애가 탐과 서러움에 서성이는 나
다시는 이제는 만나지지 않을
어떻게도 이제는 만나질 수 없는
동남 동 서남 서、
북동 북 남동 남、

너 있는 곳 바라볼 때마다 생각하는

누가 내 마음속을 알까

누가 내 나 혼자의 마음속을 알까

《水石列傳(수석열전)》

날아오르려던 죽지들의 뼈다귀

노래 부르려다 지질리운 울대뼈의 부스러기

그 사자울의 백골

동굴 속의 백성들의 넋과 넋의 부둥킴

희디하얀 외롬들이 서로 쌓여 운다

고연 놈 고연 놈의 네로야

네로야

너 하나 너만 위한 횡포의 그 육신

활활 타던 욕정은 이리 여우 밥

그때 너 높던 콧대 무너져서 없고

해골만 쑥대밭에 홀로 딩군다

파여진 네 눈자위 속을 달빛 퍼붓고

바람만 가을 숲에 부엉새 운다

어떻게 저기에 발 디딜까
혼자서 이고 있는 이마 위 저 만년설
아무도 속되이는 가까이함을 거부하는
희디하얀 하늘 우러름 하늘에의 무릎 꿇음
달빛도 손대려다 절로 섬짓 물러서고
별들도 내려앉다 먼 멀리로 되돌아가고
다만 다만 위로 모둔 푸른 눈동자
울려오는 은은한 기도 흐느낌
어떻게 저기에 발 디딜까
희디하얀 눈가루만 햇살 날린다.

《水石列傳(수석열전)》

수석열전

VII

낮 별들 내려와서 옛날이야기 한다.

무지개가 꽂혔다가 산모퉁을 돌아가고

사슴과 산새

배암과 늙은 여우

아주 옛날 무사들이 떨구고 간 외로움

그 물이끼가 숨 쉬면서 오손도손 산다.

산신령이 앉아 졸다 세수하고 가고

한나절내 먼 멀리 뻑국새 울음

듣다 졸다 다시 깨어 두 귀 쫑긴다.

바람이 와서 물어도 대답하지 말아라

구름이 와서 물어도 대답하지 말아라

새가 와서 나무가 와서 풀이 와서

꽃이 와서 물어도 대답하지 말아라

스승이 와서 아무리 졸라도 응낙하지 말아라

벗이 와서 연인이 와서 아무리 졸라도

응낙하지 말아라

이리가 사자가 범이 독사가 와서 졸라도 응낙하지

말아라

총이 칼이 그 비수가 와서 아무리 졸라도

응낙하지 말아라

그 피가 살이 뼈가 와서 졸라도 응낙하지 말아라

그것 그것만을 위해서는

너도 칼을 갈고 너도 칼을 갈고

너도 비수를 갈고 너도 비수를 갈고……

《水石列傳(수석열전)》

별만 보며 허방지방 걸어가다가
별만 보며 하늘강을 건너뛰다가
강에 풍덩 남한강에 빠졌었다가
울며 혼자 천년만년 묻혀 살다가
돌밭에서 어느 날 시인 하나 만나
부끄러워 고운 이마 고개 숙이며
옛날 옛적 공주처럼 시집왔단다 .

34 · 난파선

파도가 파도를 몰고 와서 가로막고 헤어서고
어떻게도 이 파도는 저쪽 기슭에 가 닿을 것 같지
않다

파람이 파람과 더불어 미쳐서 훨싸으고
번개가 간밤을 빠개고 조이고

아래는 천지개벽
별으는 별 어둠으는 어둠끼리
부딪치다 깨어지다 바다로 그대로 온누방질
아무도 여기로는 눈을 주지 않는다
귀를 주지 않는다 손을 주지 않는다

어누워서 않도 어둠 앞도 어둠 한밤중
파내려가며 파질혀가며 바다는 여전히 한가운데

뜻 부러지는 소리
바다 발광하는 소리 하늘 노하는 소리

어제도 내일도 오늘도 다시 없이
그 속을 절대고록 난파선 간다.

35. 稚龍圖(치룡도)

나는 아직 뿔도 나지 않았다
발톱도 아금니도 날카롭지 못하다
비늘이 마디마디 붕어처럼 여리다
그 구름을 천둥을 비를 부르는 영웅
바다를 끓게 하고
바람을 춤추게 하고
번개 번쩍 땅의 악을 낱낱이 치는
영웅들의 순금의 악학
나는 아직 눈이 광채 피어 헐
지느러미 반뜩이는
허리뽕의 비틀음
뼘이 입술 산 넘치는 땅의 힘이 약하다
설레 같은 수줍 천리마의 귀
불을 뿜는 첫바람의 붉은 아가리
그렇도록 아직아직 더 자라야 할
아직 구름 번개 무지개의 비바람의 보금자리
굽은 번쩍 눈이 부신 천의 화창 그 안에
애기 용아 용아 용아
아직 나는 어리다.

수석열전

VIII

마지막 내린 눈의
하얀 두메산
저만치 산허리에
어미사슴 하나

눈 위에 찍혀진 임리한 핏자죽
바로 어제
잃어버린 새끼가 흘리고 간
핏자죽을 더듬다가
저 스스로를 조여오는
몰이꾼들의 포위망
숨어서 겨누는
포수의 총구도 모르는 채

이따금의 동남풍
어디선가 들려올 듯한 강 얼음 꺼지는 소리
파아랗게 철석여 올
바다의 새물결에 귀 기울이고 있다.

지금은 멀디멀은
별살의 나라에서 온 아가씨여
나의 앞에서 너는
자꾸만 날개 돋쳐 하늘로 하늘로 올라가고
그만큼의 공간에서 나는
나 혼자 할 수 없이
땅으로 땅으로 가라앉네

너의 예쁘디예쁜
영혼의 날개의
화사한 무지개에 매달리는
내 영혼의 둘레 가의
알 수 없는 이 슬픔

그 별살의 나라
별살의 궁전에서 내려온
곱디고운 영혼의 너의 뜨거움

《水石列傳(수석열전)》

꿈의 비거움
숨결에 그 비거움이
순수 인광은

견디다 못해서 진율하는
나의 혈기
중혼이 날것적이 절망 속이 황홀로
마지막 부딪치는
둘파 함후서도

나는 그 나의 중혼
몸뚱이리 해뽈 가슴 응숭그림
엷피편 별살 속이
별살이 나라
무지개 숙 활활 숨엉
답하나쑈때

지금은 나의 해충
말도 없이 있는
그파편 언제일까 언제쑴일까
하거죻

그 별이 피아 못이 피아
이슬이 피아 꼭팔하는
꼭팔하는 나와 나의
중원한 순수
하나로의 중원은 언제쑴일까
하거죻.

강은,
한밤에 빠지는
억만 광년 하늘 밖의 멀디멀은 별
가장 작은 별 그림자에도
가슴 설레고,
강은,
저절로 떨어지는 꽃이파리 하나
가장 작은 몸짓에도
황홀해한다.
강은,
어둠을 칼가르는 밤새의 울음
어디론가 가는 새를
마음걱정하고,
갈대가 갈대에게 살을 베게 한
바람의 그 뉘우침에
따라 뉘우치고,
강은,

《水石列傳(수석열전)》

하늘의 날새 산의 산짐승
물의 물고기 땅의 땅버러지들의 살음살이
쫓음과 쫓김
먹음과 먹힘
강한 자의 횡포에 두 눈 부릅뜨고
쫓기는 자 약한 자
죽는 자의 죽음에
눈물 흐느낀다.
강은,
한밤에도 뒤슬르며 잠 못 이룬다
먼먼 은하 물결 귀 기울여 듣고
한밤내 한밤내,
전신을 그 신경 세워
대지 지킨다.

비가 내려도
우박 쏟아져도
눈이, 서리가 내려도
사그라지지 않게
닳아지지 않게

뙤약볕과 바람 번개와 천둥
우뢰와 달빛
칠칠한 어둠에도 그슬리지 않게
변질하지 않게
금이 가지 않게

이리와 개호주
독사와 독수리가 물어뜯고
할퀴어도
오줌을 똥을 싸도
더럽혀지지 않게

《水石列傳(수석열전)》

상처가 낫지 않게

아이들은 아이들의 땀과
아이들의 피
아이들의 살과 아이들의 이뻠
아이들의 지성과
아이들의 투지로

하늘이 무너져도 그대로 서있게
땅이 갈라져도 끄떡 않고 서있게

햇살로 한쪽 맞어 들로 닦이고
바람으로 한쪽 맞어 들로 닦이고
달로도 별들로도 한쪽 맞어 닦어

가장 단순하게 트게
특별하게 단단하게
눈부시게 정하게

아이들의 것들은 아이들의 피부
단 하나 아득하게 하늘까지 맞드는
친구여 친구여
하늘 땅 어디에도 부끄럽지 않은
아이들의 불꽃을 아이들이 체아자
아이들의 영광을 아이들이 체아자

신발이 다 닳고
발바닥이 피흘려도 올라갈 수 없어라.

정강이로 오르고
무릎으로 오르고
가슴과 턱
이마로 올라가도 다다를 수 없어라.

눈으로 볼 수 있는 하늘의 하늘 끝
마음으로 닿을 수 있는

마음의 마음 끝
어떻게도 이대로는
바라볼 수 없는,

그 음성 아득하게
내리시올 자비
커다랗게 허릴 굽혀
안아올려 주실
그 정상 이마직서 홀로 울어라.

《水石列傳(수석열전)》

수석열전

IX

41. 검정나비

뼈 속의 뼈도 아팠겠다
구십만 구천 개의 독충의 살에 쏘여
펄럭펄럭 펄럭이다
잦아들은 날개
날개의 꽃가루에 절벽에 얼비치는
바다여 저 어린 자유 피얼룩진 기폭
죽어 사는 겨울나비
검정나비 자네

달이 울고 있다

바다에 달이 빠져 바다에서 울고 있다

씨근대며 안고 가는 밤의 바다 폭력

희디하얀 달의 어깨 젖가슴과 허리

알몸으로 버둥대며 달이 울고 있다

빠져나와 바다에서 뭍으로만 오고 싶은

심해 멀리 안겨가며 달이 울고 있다

진달래꽃 붉디붉은 산골짝에 홀로

밤새도록 울고 싶어 달이 울고 있다

시인 하나 새벽녘에 시를 쓰며 우는

그 창의 곁에 있고 싶어 달이 울고 있다

《水石列傳(수석열전)》

43 · 菊水里(국수리) 출토 신석기시대

磨製石斧銘(마제석부명)

쩌렁쩌렁 내리찍힌 거목의 아픔을 말하지 않는다

멧돼지、이리、산토끼의 이마에 흘렀을

뜨겁고 곱디고운 피흘림의 내력을 말하지 않는다

애비가 자식을 자식이 애비를

부족이 부족을 적이 적을 내리쳤을

길다랗던 비명을 말하지 않는다

너는 자루도 쐐기도 없이、날만의 도끼

달빛 아래 물에 씻겨 번쩍이고 있다

너는 얼굴이 전체가 눈이다
머리가 전체가 눈이다
온몸이 전체가 눈이다

너는 나의 눈 속의 눈
뼈 속의 뼈, 간 속의 간
혼 속의 혼을 속속들이 뚫고 보고

너는 이왕의 나의 가장 비밀
낱낱의 과오의
모두를 알고 있다

너는 캄캄한 밤에도 눈을 켜고
내가 꾸는 꿈 허트루 지껄이는 잠꼬대
한밤에 적시는 눈물을 안다

너는 밤하늘 영원한 별들의 속삭임

《水石列傳(수석열전)》

대지의 풀잎들의
슬픔을 모두 안다

그러면서도 언제나 너는 외로와

문득 나와 눈이 마주칠 때

비로소 네 눈은 휘둥그레 행복한다

누구가 저기를 올라갈까

꿈으로 쌓아올린 하늘 닿는 저 꼭지

터지면 샘물 솟을 용기의 저 내밀

누구가 저기를 올라갈까

손 씻고 발 씻고 넋을 마저 씻고서도

그대 아니 가슴 열면 기웃조차 할 수 없는

정해라 펄펄 오는 꽃의 사태 그 너머

희디하얀 저 봉우리를 누구가 올라갈까

《水石列傳(수석열전)》

수석열전

X

아직도 나는 너를 사랑하고 있다
너는 하늘에서 내려온
몇 번만 날개치면 산골짝의 꽃
몇 번만 날개치면 먼 나라 공주로,

물에서 올라올 땐 푸르디푸른 물의 새
바람에서 빚어질 땐 희디하얀 바람의 새
불에서 일어날 땐 붉디붉은 불의 새로
아침에서 밤 밤에서 꿈에까지
내 영혼의 안과 밖 가슴속 갈피갈피를
포릉대는 새여.

어느 때는 여왕으로 절대자로 군림하고
어느 때는 품에 안겨 소녀로 되어 흐느끼는
돌아설 땐 찬바람
빙벽 속에 화석하며 끼들끼들 운다.

너는 날카로운 부리로
내 심장의 뜨거움을 찍어다가 벌판에 꽃뿌리고
내가 싫어하는 짐승 싫어하는 뱀들의
그것의 코빼기를 발톱으로 덮쳐
뚝뚝 듣는 피를 물고 되돌아올 때도 있다.

너는

홀로 쫓겨 숲에 우는 어린 왕자의 말이다가
밤마다 달빛 섬에 홀로 우는 학이다가
오색 훨훨 무지개 속 구름 속의 천사이다가
돌로 치는 군중 속의 피흐르는 창녀이다가
한번 맡으면 쓰러지는 독한 꽃의 향기이다가
새여.

느닷없이 얼키설키 영혼을 와서 어지럽혀
나도 너를 알 수 없고 너도 나를 알 수 없게
눈으로 서로 보면 눈이
넋으로 서로 보면 넋이
타면서 서로 아파 깊게 깊게 앓는,

서로 오래 영혼끼리 꽃으로 서서 우는
서로 찾아 하늘 날며 종일을 울어에는
어쩔까 아 징징대며 젖어오는 울음
아직도 너를 나는 사랑하고 있다.

《水石列傳(수석열전)》

47. 금강산 永郎峯(영랑봉)

자욱한 안개와 비의 사이
새들도 날아오르려다 도루 꽂혀 숨고
그 억년을 바람소리 바람소리 안 쉬는
안개와 비안개는 흐르는 곧 구름
날리울듯 휩쓸리며 산길 칠십리
아래로도 위으로도 지척이자 千仞(천인) 절벽
두고 온 아랫세상 그믈어 더 아득한
한 마리 가을 우는 풀벌레소리도 없이
아, 비로소 나는 여기 외론 산짐승
안개 숲 혼자 혼자 산정길 간다.

네 몸뚱어리는

하늘에서 쏟아지는 불이 떨어져도 꺼지고

바다에서 밀고 오는 파도가 덮쳐와도 마르고

너의 눈은

일체의 악과 선

어둠과 밝음들을 깔축없이 뚫고 보고

너의 앞발로는 이 세상

가장 횡포한 자의 목덜미

끓어오르는 무한 욕망

약한 자와 착한 자

참는 자와 말없는 자를 짓누르는

그 몹쓸 놈들의 턱주가릴 친다.

너의 그 밋밋한 등은

억년을 겹쳐 쌓인 분노들의 무게

흐르다가 지쳐 마른 눈물의 부피를 짊어지고

지금도 울고 있는 그늘의 슬픔

땅에 젖는 피얼룽을 코로 맡는다.

《水石列傳(수석열전)》

네 미간에 어린 우수

억겁을 철석이는 바다의 저 탄식

어디론지 불고 가는 사철의 저 바람

천지에 펄펄 지는 꽃의 뜻을 안다.

너는

영겁을 활활 끓는 태양의 저 의지

달밤을 풀에 우는 풀벌레의 가락

유유하게 멋지 않는 강의 마음을 몸에 지녀

폭풍에도 폭우에도 눈을 뜬 채 그대로

낮에도 한밤에도 눈을 뜬 채 그대로

콧수염 조금씩 쫑긋거리며

의젓이 그리고

말도 없이 천연스레 혼자 있는다.

솔피리소리 아니 나고

가지에 걸렸던 일월도 간 곳 없고

그늘에 쉬고 가던 옛사람

아침에 자고 일던 그 새들 지금은 어디일까

어느 나무꾼의

도끼에 토막치워 골짝에 버려진 뒤

산에서 천년 물에서는 만만년

눈귀 다물고

코 입 다물고

침묵 오래 오래 굳어 돌이 되었다.

그 솔소리 물속에선 여울 물소리

그 일월 물속에선 쌍무지개 선다.

《水石列傳(수석열전)》

나의 사랑하는 이의 꿈이어 거기에 있거라

아무도 올라갈 수 없는 하늘언덕의 노을자락

아침에 피었다 저녁에 지는 하늘꽃의 꽃언덕

그 무지개로도 햇볕살로도 바람결로도

이슬방울로도 하늘 푸르름으로도

짜낼 수 없는 깁,

그 맞닿아야 할 가슴과 가슴의 따스함

입술과 입술의 보드라움

눈과 눈의 깊음

살과 살의 향기로움이 내려 엉긴

아, 어디까지 가도 그 멀음 끝이 없고

언제까지 언제까지 가도 그 오램 끝이 없는

너와 나 닿고자 하는 언덕의 사랑이어

이루어지고 싶은 그 꿈의 꼭대기

자리잡고자 하는 사랑의 안침이어 거기

있거라.

해와 달과 별들이 나란하게 돈다.
너무 많은 영원에 별들이 질려 있다.
학이 하나 높게높게 하늘 중천 날고,
땅바닥에 뙤약볕에 벌레들이 긴다.
방구벌레 말똥구리 꽁지벌레 딱정벌레
등껍질에 폭주하는 해의 열을 끊이고,
일곱 번씩 일흔 번
환생하고 또 해도 알 수 없는 의미
대낮에도 능구리가 고민하고 있다.
땅에 끊는 여름들의 하루만의 영위
들풀꽃은 태풍의 풍속
자벌레는 별의 거리
멱자귀는 해일을
하루살이 앵앵거려 습돌 재는데,
해와 달과 별들의 너무 많은 영원
강에 하나 달이 빠져 일렁이고 있다.

천사들의 대개는 날개가 찢겨 있다.
곱디고운 정갱이에서 피가 흐른다.

맹수는 맹수끼리
데이몬은 데이몬끼리
개새끼는 개새끼끼리
쉬파리는 쉬파리끼리、
서로들의 속의 눈을 읽지 못한다.

내일이면 쏟아질 희디하얀 열
무자비한 빛의 뜻을
모르고 있다.

땅에서 머리 솟는
독의 칼의 씨앗
번쩍이는 착고들의 그물코의
낙하가、

《水石列傳(수석열전)》

아직은
조금씩은
숨어서 맥박 뛰는
날개 돋는 일체를 압살하고 있다.
누구도 마음놓고 철학할 수 없다.
어디에도 설치는 죽음의
독의 꽃이
소리 울며 뼈 속으로 스며들고 있다.

너는 어디에 지금 있는가

달밤에 날리는 나의 이 피리소리

어디에 혼자 서서 이 소리를 듣는가

강으로 굽이치면 굽이굽이 구만리

하늘로 퍼져가면 희디하얀 구층천

꽃으로 흥건하게 그 강물 뒤덮고

그 은의 가루 은하 가득 구슬 부딪친다

너는 어디에 지금 있는가

너 내 앞에 와서 서도 네 마음 내게 없고

너 나를 위해 노래해도 그 소리 내게 닿지 않는

하얀 상아로 쌓아올린 첩첩한 산의 연봉

그 연봉 달빛 아래 강에 서서 잠자는

불어도 불어도 그 가락 못 미치는

너무 오래 알 수 없는 동양의 이 넋의 깊이

내가 피릴 불 땐 너는 이미 산 저쪽 혼자 가고

네가 노래할 땐 나는 이미 강 아래 너를 운다

너는 어디에 지금 있는가

《水石列傳(수석열전)》

54. 산에 사는 사슴

산모롱을 돌아가다 목 갈하면
두어 모금 산우물에 목 축이고

뻑뻑꾹 뻑꾹새
한낮의 시장기
우적우적 칡순 뜯어 시장기 면하고,

문득 들려오는 바람소리
파도소리 동해바다 귀 쫑겨 듣고,
조금 졸리면 양지에 낮잠 자고,

다만 달 뜨면
그 달이 뜰 때 총에 죽은
먼 어린 새끼 생각하며 주룩주룩 운다.

햇볕에 반짝이는 먼지

바닷가 자잘한 모래알에서도、

아직은 숨어있는 흙 속의

풀뿌리

골짜기에 딩구는 희디하얀 백골 속에서도

일어날 것이라 한다·

언제나 불안한 저들의 눈동자

피 묻은 웃자락

저절로 떨리는 머리카락 속에서도、

더럽게 엉키는 저들의 피를

썩은 양심

죄의 손

거짓과 횡포와 살인을 기만하는

헛바닥 속에서도、

따습고 맑디맑고 혁혁한 눈의 영원

《水石列傳(수석열전)》

불멸의 의의 부리
관용의 앞가슴
사랑의 뜨건 심장
죽일수록 살아나는 푸른 자유로
날개여、

어디나의 바람
어디나의 암흑
어디나의 죽음에서 푸득푸득 날개쳐
영원 다시 불멸의 넋
일어날 것이라 한다.

수석열전

XII

온 산이 달빛에 젖어있다.

바다가 저만치서 손을 들고 온다.

물러서며 주춤주춤 산이 마주 손들고,

골짝에서 골짝으로 짐승들의 포효,

일제히 수런대는 나무들의 잎의 바람,

이상한 꿈을 꾸다 푸드득이는 새들,

우릉우릉 산울림

산을 첩첩 달이 가며 새벽 기침한다.

신의 손길도 닿지 않는다.

있는 것의 모두는 모랫벌과 모랫벌뿐

그 위에 태양 하나 홀로 걸려 타고

모래톱에 죽어 누운 들양 한 마리

눈감고 네 발 뻗고 희디희게 잔다.

바람도 피도 없다.

가에서 가에까지 귀신도 살지 않고

영겁을 모랫벌의 죽음들의 도망

태양 하나 홀로 걸려 불에 타고 있다.

《水石列傳(수석열전)》

58. 침묵의 너

아직도 나는 너를 울고 있다.
밤마다 천의 별이 가슴으로 무너진다.
끝내 이 슬로 형용 그치잖는 아픔
너는 아직도
황홀한 그 눈을 들어 속에 나를 지켜주고
멀리서 나를 향해 꽃으로 피어있다.
너는 나와
아주 가까이
가까이 말하여서 오래 서로 말다가도
느닷없이 불꽃 불꽃 낯으로 중얼하고
이제는 나도 아는 속에 너의
아픈 침묵
혼자서는 어떻게 어쩔 수 없는
왕왕대는 속에 별을 가슴 가득 안고
어디서 너 들리거라 울음 아는 나
희미한 말의 가등
별이 밝혀 있다.

피의 벌에 으릉대며 맹수들이 엉긴다

일체의 선량한 건 발톱 아래 잦고

욕망이 그 욕망

횡포가 그 횡포 위에 무너지며 쌓인다

오만의 붉은 눈

독에 날선 이빨

그물이 그 투명하게 발과 발을 얽는

발밑은 바로 지옥

바다의 불의 공포

이것들의 넋들에는 내일이 없다

이것들의 불법은 이것들의 위엄

맹수들이 밤의 벌에 날나리 춘다

《水石列傳(수석열전)》

60. 天池(천지)

해와 달과 별이 내려 엣날얘기한다.
사슴 하나 서서 듣다 물만 먹고 가고、
나무들도 지켜서서 바람 잠재우고、
먼 바다 먼 바다 먼 바다 시름、
뒤척이는 바다설렘 잠들 때까지、
무궁 무한 억겁 세월 심심한 때 만나、
해와 달과 별이 내려 엣날얘기한다.

수 석 열 전 XIII

61. 당신의 城(성)

땅에서 하늘로 퍼렇게 강물이 뻗쳐오르고 있다.

하늘에서 땅으로 퍼렇게 강물이 쏟아져내리고 있다.

강의 끝 저쪽으로 넘어가는 빛의 고개

하늘들이 하나씩,

모여 내려선다.

하늘들이 맨발로 주춤주춤 선다.

위에서 아래까지 내려갈 수가 없다.

아래에서 위에까지 올라갈 수가 없다.

가에서 가에까지 건너갈 수가 없다.

쌓여서 쌓여 감춘

억만 겹의 빛,

속에서 그 속으로는 들어갈 수가 없다.

당신을 언제나 아끼며 베옵지만
당신의 귀신 곳을 얻지 못합니다.
당신의 인자하신 음성을 접하지만
당신의 말씀의 뜻을 알 수 없습니다.
당신은 내게서 너무 멀리에 계셨다가
너무너무 훌쩍 곱는 가까이에 계십니다.
당신이 나를 속속들이 아신다고 할 때
나는 나를 미워 할 수 없고
당신이 나를 모른다고 하실 때
비로소 조금은 나를 힘납니다.
이 세상 모두가 참이로 당신의 것
당신이 귀절 품만 비로소 뜻이 있고
내가 나 힘 곱는 뜻이 없음으로
당신이 당신으신 당신 홀문합니다.
나는 당신홀귀서만 나 흘 찾고
나 홀귀서 당신을 찾을 수 없습니다.
밤에도 낮에도 당신 곱문이 산절은 울고
나 홀문이 당신이 아시는 것을 힘납니다.
천지에 나만 넓이 나 혼자임을 힘 때
그때 나는 나의 나를 주체할 수가 없습니다.
아무로도 나는 나를 가져갈 수가 없습니다.

63 · 바다의 이유

바다가 사실은 노하는 것이 아니다.
바다가 사실은 울부짖는 것이 아니다.
태양 하나 높이 걸려 타고 타는 炎天(염천)
너무너무 넓고 넓어 지친 벌판에
혼자 그냥 심심해서 출렁거릴 뿐
누구 아무를 불러봐도 대답이 없어
손을 들고 허옇게 겅정거릴 뿐.
가슴 온통 드러내고 춤추어 봐도
아무 하나 달려들어 포옹하지 않아
이리저리 두리번대다 바위 우에 앉아
물개 하나 젖 물리고 놀리고 있다.

壬子年(임자년) 물난리 때 단양에서였다.

육로 수로 다 끊겨서 사흘 세 밤 갇혔다가,

산을 넘어 산을 넘어 島潭(도담)으로 가다가,

산골개울에 엎으러져서 물에 빠져서 죽을

뻔했다가,

금수산 그 이쪽 길,

푸르청청 두메산골 독사새끼 밟으며,

아, 땀에 흠씬 몸이 불어 바람 쐬던 자리,

앞의 친구들 멀찍 가고 뒤 보던 자리,

임자년 물난리 때 단양에서였다.

물에 빠진 물귀신의 아기울음소리 따라오던,

그때 거기 산턱에서 문득 만난 산돌,

뱅글뱅글 돌아올라 등고선이 감긴,

재회색 거북이꼴의 곱디고운 살결,

후룩후룩 창을 치는 바람비 소리 들으며,

물난리 때 그때의 인연 되생각한다.

《水石列傳(수석열전)》

거기서 너 서 있는 채로 떠내려가지 말아라 ·

거기서 너 서 있는 채로 무너지지 말아라 ·

거기서 너 서 있는 채로 뒤돌아보지 말아라 ·

거기서 너 서 있는 채로 눈물 흘리지 말아라 ·

거기서 너 서 있는 채로 너를 잃어버리지 말아라 ·

네가 가진 너의 속의 불을 질러라 ·

네가 가진 너의 속의 칼을 갈아라 ·

네가 가진 너의 속의 심장 푸득여라 ·

이에는 이로 갚고 사랑 포기하라 ·

눈에는 눈으로 갚고 사랑 포기하라 ·

수석열전 XIV

66. 해안선 절벽

너는
부풀어오르던
우리들의 내일의
덧없는 죽음

꽃으로 투신하고
바다는 말이 없고

그때
맞대던
우리들의 가슴의
영혼의 정한 폭풍

꽃잎과 그 꽃잎의
마지막
하얀 전율

바람은 다시 일고
바다가 펼쳐지는 모랫벌
찰삭이는 바닷가의
저쪽을 걸어가던

바람의

머리칼의
어깨의
너의 외롬

그때
나란히 날개 젓던
먼 바다 하늘 날던
우리들의 꿈이

지금은 비어있는
침묵의 저
절벽

그 위의
白日(백일) 아래
하얗게 젖어있다.

《水石列傳(수석열전)》

67. 르느와르의 소녀

너의 살결을 의심하지 않는다.

너의 눈동자를, 입술을, 혓바닥을 의심하지 않는다.

너의 젖가슴을, 배꼽을, 허벅지를,

너의 오금 밑을, 발가랑을 의심하지 않는다.

너의 그리움, 너의 뉘우침, 너의 두려움,

너의 분노, 너의 절망을 의심하지 않는다.

너의 속의 배암, 너의 속의 꽃, 너의 속의 꿀,

너의 속의 천사,

너의 속의 악마를 의심하지 않는다.

너는 다만 한 마리의 사람,

한 사람의 짐승,

밤과 낮, 빛과 어둠, 물과 불,

강과 그 바다,

나무와 풀,

곱디고운 하늘 땅의 넋이 엉겨

빚어진,

퐁당퐁당 찰박이는 해와 꽃의 정,

속의 너의 살과 넋을 의심하지 않는다.

바람과 구름이 구름과 강물이

강물과 바다가 꼬리물고 있다.

바다가 햇살을 달빛이 번개를 노을이 강바람을

꼬리물고 있다.

언덕과 사막 、 산악과 도시 、 궁전과 움막들이 、

있는 것들은 무너지고

무너진 것들은 흘러가고 있다.

아우성과 침묵이 、 榮華(영화)와 몰락이 、

횡포한 자와 비겁한 자 、

짓밟는 자와 짓밟힌 자

빼앗는 자와 빼앗긴 자 、

말하고 싶은 자와 말하지 못하게 하는 자 、

아부하는 자와 바로 말하는 자 、

파계자와 성도자가 、

천년씩 천 번을 、 만년씩 만 번도 더 、

무너지며 일어서며 영겁 속에 사그라져 、

흙이 되고 물이 되고 바람이 되어 흐르고 있다.

《水石列傳(수석열전)》

노여움도 、 자랑도 、 오만도 、 겸손도 、

사랑도 、 미움도 、

아름다움과 추 、

지혜와 어리석음 、

쫓던 자와 쫓기던 자 、

죽이던 자와 죽던 자 、

총칼도 、 보습도 、

비밀 암호도 、 經書(경서)도 、

짐승의 뼈도 사람의 뼈도 한데 묻혀 있다.

난 것은 모두 죽은 것에서 다시 나,

소용돌이 소용돌이

저절로의 흐름、

침묵에서 침묵으로의 영원한 있음、

있는 것도 없는 것도

모두 거기 있고 없는 、

해와 달 하늘 땅이 꼬리 이어 도는 、

천의 억의 영겁 천지 바람 불고 있다.

이것들의 수염에는 염소똥이 한 말
주렁주렁 간을 엮어 어깨에 메고
바다 건너 잔내비떼 방귀냄새 모셔다
질근질탕 호믈호믈 나눠먹골랑
히히대며 열두 고개 앞서거니 가면서
고개 너머 한 집마다 말승냥의 도섭
드륵드륵 방문 열고 털난 발로 덮쳐
울음 우는 아기들을 잡아먹는다네.

《水石列傳(수석열전)》

외딴섬 바닷가

해가 지고 달이 져도 거기 있거라.

바람이 불고 비가 와도 거기 있거라.

낮에는 심심하면 파도와 얘기하고

밤에는 별의 이름

별의 이름 외이며

배고프면 풀열매

이슬로 목 축이고

꽃으로 옷 해 입고

모래에 글씨 쓰고

부디 거기 외딴섬에

기다리고 있거라.

바람에 부치는 나의 이 말

어리석다 말아라.

여섯 바다 훨훨 날아

너를 훌쩍 데려올

날개 돋는 겨드랑의

살의 뼈의

이 기쁨

그날 그때 아침까지

기다리고 있거라.

《水石列傳(수석열전)》

수석열전
XV

쌍무지개 섰었다.

구름 뒤

조금씩 파아랗게 하늘이 기웃하고、

아직도 시뻘겋게 성나있는 탁류、

울음소리 있었다.

강 아래 내려가며 물귀신의 울음、

소년 하나 언뜻언뜻 쓸려가며 있었다.

물까치떼 날아들고

고개 들고 큰 뱀 하나 건너오고 있었다.

너는 왜 한번만 빠지면 헤어날 수 없게 하니?
너는 왜 날아오르는 금빛 새를 곤두박질하게
하니?
너는 왜 별과 별의 합창들을 어둠 속에 뭉개니?
너는 왜 사상의 비수들을 녹슬게 하니?
너는 왜 꽃의 독의 수렁 속을 하늘나라이게
하니?
너는 왜 독사들의 등어리에 날개가 돋게 하니?
너는 왜 지성들의 눈을 흐려 어둠 속에 빠지게
하니?
너는 왜 밤새도록 눈을 뜬 채 밤새도록 우니?

《水石列傳(수석열전)》

73 · 가을 산

잎새들이 노오랗게、
열매들이 노오랗게、
푸른 것은 모두가 물이 드는 것을．
있는 것은 모두가 떨어지는 것을．
온 것은 모두가 돌아가는 것을．

바람이 불고 가다 바위에 앉아 쉬고、
구름이 앉아 쉬다 머흘머흘 嶺(영) 넘고、
파아랗게 하늘밑에 가을 산 저 이마、
쉬엄쉬엄 나도 이젠 돌아가야 하는 것을．

가슴에는 가을 비파、
딩둥 댕둥 딩둥 댕둥 비파 뜯으며、
별이 닿는 저 산 이마로
돌아가야 하는 것을．

당신의 가슴을 바쳐 주셔요.

그 안에 무가 들어가 있어도 들어가 있는 줄을 모르고,
거기서 무가 나와 있어도 나와 있는 줄을 모르고,
모두가 언제나 비어 있고, 모두가 언제나 차 있는,

당신의 가슴을 나눠 주셔요.

햇살이 솔하지는 아침에는 햇살로 그만치 황홀하고,
비 펑펑 솔하지는 한밤에는 그만큼 펑펑 눈물 젖고,

파아랗게 산을 넘어 뛰인 하늘 저쪽,
무너지는 무지개의 꽃으로 펄펄 쌓이는
무너지는 꽃으로 속에 내가 쌓이며,

당신의 가슴을 내게 주세요.

당신의 가슴 속에 내가 숨었어도 당신의 뜨거운

마음은

거기 없고,

당신의 마음속에 내가 숨었어도 당신의

뜨거운 가슴은 거기 없고,

언제까지나 나만 혼자 당신에게 당신만에 흘리는,

언제까지나 나만 혼자 당신 안에 가슴 비어있는,

당신의 가슴을 내게 주세요.

사랑한다.

너의 희디힌 살결의 손
그 손이 잡은 피사로
내 비꺼운 심장을 꺼누고 '

너의 출렁대는 눈의 호수
서느라운 눈동자가 똑이 피어
나를 쓰고 '

너의 찰찰한 머리털
붉디붉은 혀의 한낮
보드라운 팔을 감아 목을 졸라도 '
배암처럼 졸라도 '
사랑한다.

내 희디힌 뼈를 이겨 가난을 쌓고 '

그 위에 나부끼는

자유의 나라의 깃발、

백골이 진토 되어

넋이라도 있고 있고、

하늘과 땅 너와 만난

인연、

영겁 무한

네가 있는 언제까지

나도 거기 있어、

바람으로 속삭이며、 우뢰로써

울며、

영원 영겁 너를 안고

사랑한다.

76·　難破圖(난파도)

바다가 바람을

바람이 바다를 안고 있다·

엄마가 아기를 아빠가

엄마를 안고 있다·

스스로의 질풍에 바람이 질려 있다·

스스로의 노도에 파도가 질려 있다·

어둠 속 바다 속에 번뜩이는 한 잎 배、

꺾인 돛대 부러진 노 怒濤(노도) 속에 휩싸인

엄마와 아가가 엄마와 아빠가

번쩍번쩍 번개 속에 얼비치고 있다·

대한민국 단양 땅에 히틀러 나타나다.

하필이면 죽다 남은 독재자의 망령

뙤약볕 돌밭에서 히틀러 나타나다.

푸릇푸릇 뚜렷한 고연놈의 얼굴 모습

갈래머리 늘어뜨린 위장의 저 이마빡

흔들리는 흰자위 공포의 저 동공

우스꽝스런 콧수염에 입매 잔혹한

치까부는 턱주가리 턱주가리 열등한

살아서도 악령이던 광기 속의 무법자가

하필이면 이날 이때 다시 나타나다니.

돌격 돌격 쇠몽둥이 쇠몽둥이 휘둘러

피를 보고 피에 취해 아수라로 춤추던

생선처럼 사람 몸을 기름 눌러 짜던

태워서 사백만 명 유태인을 학살하던

그 원혼들이 잡다 놓친 고연놈의 망령이

어쩌다가 도망쳐서 대한민국 땅

돌밭 속에 뙤약볕에 그림자로 되살아

《水石列傳(수석열전)》

갈래머리 이제는 잿빛 사위고

공포의 그 눈자위엔 오줌싸개 오줌

콧수염 일자입술 바들바들 떠는

나치 독일 독재 폭군 히틀러의 망령

쇠지렛대 하늘 높이 내려 내려 치다.

햇발 엮어 망태 메고 무지개로 감발친다.

바람에 머리 빗고 소낙비로 목욕한다.

휘적휘적 열두 광야 홀로 가는 길

배고프면 풀씨 따고 목마르면 샘물 파

스스로 치는 채찍 얼룽지는 피 이슬

두고 오는 삶의 인연 칼로 베는 눈물

별을 따서 단을 쌓고 무릎 꿇으면

먼 멀은 하늘소리 빛의 소리 그 소리.

《水石列傳(수석열전)》

돌인가 옥인가 깁인가 꿈인가

수묵 뚝뚝 임리하게 달빛 젖어있네.

꼬리인가 용인가 호랑인가 폭포인가

번개 번쩍 우뢰 우릉 하늘 온통 무너지다가

안개 천리 노을 천리 칠색 무지개,

그림인가 글씨인가 물인가 향기인가

靈氣(영기) 오싹 和氣(화기) 駘蕩(태탕) 꽃잎 펄펄

지네.

혼자서 너를 돌아가게 하는 것은 달이다.

돌아가는 뒷모습을 혼자서 바라보게 하는 것은

달이다.

안의 울음 안고 가는 달의 너의 얼굴、

강에 잠겨 일렁이는 달의 너의 얼굴、

혼자서 내가 돌아가게 하는 것은 달이다.

먼 먼 강을 두고 너를 두고 훌훌히

혼자서 내가 돌아가게 하는 것은 달이다.

《水石列傳(수석열전)》

81 · 늑대

달밤에는 혼자서 울음 운다고 한다.
망령들이 몰려들어 쑤셔대는 골수
활활하게 타오르는 劫火(겁화) 무서워
이따금씩 그려보는 어릴 때의 어미 품
달밤에는 혼자서 울음 운다고 한다.

그때 드설치며 아무 데나 꽃밭 짓밟고
무찔러서 비명하는 양의 떼를 덮치고
달밤에 암컷들과 서로 얼려 히히덕대던
어금니빨 날고기에 피에 미쳐 취하던

이제는 무너지는 不可抗(불가항)의 쇠잔
썩은 둥치 쓸쓸한 돌사닥에 엎드려
달밤에는 꺼이꺼이 울음 운다고 한다.

달그림자 일렁이는
난의 향기
그대 희신 이마
조용히 내려뜨신 눈동자의 우수
먼 그리움에 漸盡(시진)한
옅은 잔기침
옷매무새 다시 한 번
도사리시었을
다시 한 번 옷매무새
흐트러뜨리시었을
그 거울 앞
희신 손에 받쳐드신
쑥빛 항아리.

푸른 강물에
휩쓸리다 떠내려오다
여기 와서 멎은

《水石列傳(수석열전)》

가을낮 해질녘
지금은 내 툭툭한 손바닥의
쑥빛 항아리.
그대 그때
달 아래 희신 이마 검은 속눈썹
어글한 그 눈동자의
그 임자 누구신가.

흙으로 돌아가
쑥대밭 황토흙 바람에 띠끌
날릴
그대 그 고우신 뼈
오늘은 어디신가.
상냥한 혀놀림
인종의 그 은은한 음성
오늘은 어디신가.

그늘진 마음 무늬
우수의 그 눈그림자
오늘은 어디신가.
조금은 깨어진 채
입 연 채 말이 없는
묘해라
그 항아리 손에 든 채
시름 젖느니.

저것은 하늘이 내려와서 얼어버린 하늘이다.

바다가 올라와서 얼어버린 바다다.

죽음들이 싸다니다 죽음으로 되돌아온、

불꽃들이 모여들어 불을 질르려 대기하는、

사상들이 깃발들이 가위눌려 얼어붙은、

그 위에 쏟아지며 눈이 내리고、

내일일까 모레일까 바닥 그 뿌리에서

하나씩의 정신

하나씩의 꿈의 씨

뜨거움들이 비리집고 뻗쳐 올라올、

젊음들의 불의 씨가 침묵하는 얼음

그 침묵들이 끓고 있는 우리들의 미래다.

《水石列傳(수석열전)》

84 · 蓮池(연지)

꽃들과 꽃끼리만 몰래몰래 아는 노래

아침 들의 풀이슬

빛살과 빛살끼리만 몰래몰래 아는 노래로

나 혼자 밤을 썼는

영혼의 내 속속들일 간간하게 흔드는

어쩔 수 없는 너의 육박

감겨드는 너의 영혼

아, 어떻게 오래도록 견딜까

아무것도 모르는

못가의 무딘 나무

어떻게 오래오래 여기에 서서

너를 황홀할까.

눈으로 똑바로는 바라다볼 수도 없이
햇볕의 햇살만큼 그렇게 뜨겁고 눈부시게
바위를 적시며 속속들이 스며드는
축축한 달빛만큼 그렇게 은은하게
혹은 얼음 위의 서릿발
시퍼런 비수만큼 그렇게 섬찍하게
혹은 지혜는 배암같이 비둘기같이
혹은 용기는 사자같이 독수리같이
아직은 견뎌야 할 우리들의 의지
아직은 감춰야 할 우리들의 목적
아직은 더 무한량할 우리들의 힘을
친구여 그럽시다 아끼고 또 뭉칩시다.

《水石列傳(수석열전)》

수석열전

XVIII

눈을 감지 않는다.

입을 열지 않는다.

빠져들어가게

빠져들어가지 않을 수 없게

빠져들어가지 않고는 견딜 수 없게

하면서

너는 달아난다.

독하게 독하게

죽도록 아찔하게

코앞에 너의 향길 이상하게 혼들며

귀의 날개 속의 날개

하늘 날개 한꺼번에

어질뜨려 어질뜨려 피흘리는 흐름

나도 몰래 영혼 달궈

영원으로 빠지게

젬마여

너와 나의 넋의 뿌린 죽고 살고 하나

너와 나의 꿈의 뿌린

있고 없고 하나

멀리 멀리 멀리 달아나며 너는

안의 안에 넋에 살에

파고들며 너는

언제나 내게 있고

언제나 내게 없다 젬마여.

비로소 하늘로 타고 올라갈 수 있는 사다리.

죽음의 바닥으로 딛고 내려갈 수 있는 사다리.

빛이 그 가시 끝 뜨거운 정점들에 피로 솟고

비로소 음미하는 아름다운 고독

별들이 뿌려주는 눈부신 축복과

향기로이 끈적이는 패배의 확증 속에

눌러라 눌러라 가중하는 이 황홀

이제는 미련 없이 손을 들 수 있다.

누구도 다시는 기대하지 않게

혼자서도 이제는 개선할 수 있다.

《水石列傳(수석열전)》

이쪽 어두운 하늘에서
저쪽 어두운 하늘까지
그 아래 절망 그 아래 죽음
한 번도 아침을 보지 못한 바다가 성나 있는
그 바다가 선 채로 울부짖는
이쪽에서 저쪽에의 가느다란 꿈의 줄
그 위를 생명 하나 건너가고 있다·

날개는 이미 없고
까딱 한번 헛잡으면
죽음의 그 바닥 속에 끝이 없이 떨어질
다만 손 다만 눈
다만 땀 다만 피
전신의 있는 모둘 바늘 끝에 모두어
윙윙대는 먼 하늘 성좌들의 불의 울림
몸과 힘 넋과 땀의 한 점의
저 목숨
필사의 저 목숨 하나 건너가고 있다·

별들의 나라에서
어쩌다가 잘못하다 홀로 쫓겨난
산꼭대기 바람 부는 바람모지 밤에
혼들리는 별 하나
에델바이스.

밀려오는 밤의 어둠
혼자 서서 사루는
무섬무섬 흐느끼는 별의 나라 초롱
조그맣게 동그랗게 산의 둘레
밤을
혼자 서서 불 밝히는
별의 나라 초롱.

아직은 땅에까지진 천야만야 절정
마음 나눌 세상동무
아무도 없고

《水石列傳(수석열전)》

다시는 못 돌아갈 별의 나라 내 집

먼먼 하늘고향 꽃의 나라

그리움.

에델바이스

스스로를 불살라야 스스로가 산다.

타는 넋의 푸른 불꽃

뚝뚝 듣는 눈물

어쩌다가 쫒겨내린

산꼭대기 밤에

별을 보며 불리우며

넋을 사룬다.

아으, 해와 달 나고 지고 구름 위에 이마 뺏다.
물소리 바람소리 낙엽소리 솔소리, 들이치는 비와
구름 개었다가 다시 몰려, 번개 번쩍 우뢰 우릉
골에서 골로 잇는, 산이여 너 바위 전신 억년 의젓
홀로 섰다.

아으, 동해 저 푸른 몸짓 안겨드는 허연 물살,
문득문득 쏠리는 마음 안에 깊이 감추기만, 먼먼
손을 들어 별을 다만 가리킬 뿐, 산이여 너 천의
계곡 몰래 밤을 흐느낀다.

아으, 그 아침볕살 전신으로 흠뻑 받아,
우쭐우쭐 솟는 이마 푸들대는 죽지 어깨, 산이여
너 무한정기 안의 안에서 뿜어내는, 고와라
여릿여릿 창궁거기 끝이 없다.

아으, 밤이 오면 밤마다 별을 모두 불러내려,

《水石列傳(수석열전)》

하나씩의 인간마다 하나씩의 별을, 하나씩의
새에게도 하나씩의 별을, 하나씩의 짐승 하나씩의
꽃, 하나씩의 벌레에도 하나씩의 별을, 짝지워
서로 달아 하나의 넋 오래이게, 슬픔도 쇠잔함도
죽음도 다 그만이게, 억울함도 분노도 피흘림도
그만이게, 산이여 너 오래 지켜 마음 앓는 사랑,
온 한밤 홀로 새워 잠 못 이룬다.

아으, 해와 달 나고 지고 바람 비 그냥 견뎌,
아슬히 저만치서 인간들을 내려보는, 아닌 듯
이 겨레의 일 애환을 더불어 같이 하고, 그런 듯
하늘 닿게 높은 뜻 안에 지녀, 동해 동해 파도소리
바람소리 솔소리, 영겁을 거기 서서 침묵으로 홀로,
산이여 너 어지러운 우리들의 이 삶을, 오고 오는
역사들을 지켜보거라.

9—. 께싯의 꿈

불티가 일고, 죽는다.
밤에만 울렁이는 울음
낮에만 울렁이는 울음을 아무도 말하지 않는다.
갈대가 하나씩 말해 주고
갈대가 갈날에 하나씩 피흘리는
갈대가 꺾일 때
하늘의 별들도 하나씩 울음 울고
갈대가 피 흘릴 때
별밭의 별들도 산처럼 피흘린다.
아, 아무 일도 잔잔한
밤의 숲의 어둠
아무 일도 잔잔한 한낮의 피아불
별 하나 질 때마다 꽃 하나 지고
새들도 잔잔하게 노래를 거부하고
낱말은 땅에 묻고
피로 말고
다만 낮에도 푸들대는 별들의 푸른 날개
불티가 일고, 죽는다.

가장 가까우나 무한 거리
사철을 방황하는
가장 가난한 나의 꿈이、비로소 오늘
네게서 포만하고
바람이 처음 열어보는 오월의 넋의 비밀
안에서 포화하는
꽃벌음이어.
저 아침의 한낮의 달밤의
그 바다의 첫 번 팽창
아직은 저절로 유지되는 위태로운 균형이
네 순수 체온、황홀하고
미끄러운 허릿매로
내 앞에 누워 있다.

《水石列傳(수석열전)》

무너질 것이라 한다.

스스로는 견디지 못하여 무너질 것이라 한다.

만년을 쌓여 덮인 죽음의 저 지붕

짓눌려 참다 참다 산이 등을 일으키고

오른손 내리치는 노한 신의 징벌

문적문적 내부 이미 스스로가 무너져

커다랗게 커다랗게 무한나락 내리막

뒤집히며 나동그라지며 무너질 것이라 한다.

오랜 침묵 그 어둠 속을 햇볕 쪼이고

비로소 손을 드는 먼 바다 호응

스스로는 견디지 못하여 무너질 것이라 한다.

바다 하나 엎질러서 갈기를 씻고 있었다.
질겅질겅 어금니로 처음 해를 깨물어
우뢰 우릉 달려들다 되물러 가고
눈썹 하나 번갯불에 안 그슬리고
덮치거나 아홉 용과 싸움 싸울 때
서로 찢겨 흘리는 피 달이 흥건 젖을 때
발밑에는 천만 마리 여린 짐승뼈
달을 보고 뼈와 넋들 울고 일어나
천지 어디나 골짝마다 아픈 강의 여울
꺼이꺼이 달을 안고 울고 있었다.

《水石列傳(수석열전)》

95. 精(정)

그때 처음 열리던 하늘이 응결돼
푸른 정기 처음 숲이 초록 바람
처음 바다 처음 강이 파도소리 여울소리
비겨서 들린다.

그때 처음 피어의 금빛 촉감
처음 타오르던 地熱(지열)
처음 만발한 꽃들의 향기
처음 울음 울던 짐승들의 포효
처음 지저귀던 새소리 비겨서 들린다.

그때 처음 헤엄치던 물고기의 비늘무늬
처음 열리던 하늘의 무지개
처음 밤이 별빛 달빛, 그때
처음 사람들의 입맞춤의 첫 마음
첫 번째 황홀의 울음 울던 부끄러움
처음 타오르던 노을빛 비겨서 오른다.

그때 처음 사람들의 첫 낱말
처음의 어깨 처음의 노여움
처음 사람들의 첫 죽어 피흘림
처음 만나는 죽음의 두려움과 서러움
비겨서 보인다.

너는 지금 나의 창가 오월

바람이 뜰의 그 신록의 잎새 사이 먼

천산산맥의 청청한 햇살에 젖어

불어와 서성대는 책상에

그러나 의젓이 그러나 잠잠하게 볕살 속에 앉아

있다.

《水石列傳(수석열전)》

아무도 말하지 않거니、
죽음보다도 더 강한 자의 죽음을 말하지 않거니、

그대 빛나는 날개의 하늘
날개의 하늘의 캄캄한 어둠을 말하지 않거니、
날개의 내일의 현란한 낙화를 말하지 않거니、

죽어서 사는 자의 죽음을
살아서 죽는 자의 삶을 말하지 않거니、
그대 빛나는 꿈의 하늘
꿈으로 밀폐된

하늘의 목메임을 말하지 않거니、
하늘의 전율을 말하지 않거니、
넋들의

하늘의
동양의 황토의
끝없는 유혈의 비옥을 말하지 않거니、
그 팍팍한 황토의 동양의

침묵과 隱忍(은인)을
체념과 포기를 말하지 않거니、
그 집념을
혹은 그 허망을

혹은 또 그 불멸을 말하기 않거니 、

땅에서 지르는 피의 함성

바람에 섞이인 눈물의 호소를 말하지 않거니 、

덧없는 칼의 쇠망

꺼지지 않는 불꽃의 승리를 말하지 않거니 、

아 、 마지막 하늘의 커다란 손짓

영겁이 일순 일순이 영겁으로

되돌아간

말씀의 뜨거운 사랑과

더디 하시었던 진노의 嚴威(엄위)를 말하지

않거니 .

《水石列傳(수석열전)》

97. 편 산

나 거기 있음을 국가 한다.

손 하늘로 遮陽(차양)하여 아피르고
귀 종갓 市井(시정)의 소리에 마음쓰고

인이로 간직하는 말하고 싶은 것들이 촉척
뽑아올리고 싶은 것들이 많아

나 거기 있음을 나는 한다.

세로운 몸짓이 편 팔다리의 야츅
바람이 와서 수상으는 신선한 파염도 나는 선
채

다만 후제의 인원을 어늘의 고꺼를
내일증이 구다랗이 조용한 뜻을 지켜

편규도 몸이로 아피도 몸이로 주위도 비가움도
몸이로 받아 펴며

가끔씩 손을 드는 일람
우득하고 드높은 의연하고 묵중한
자상하고 대편한

나 거기 있음을 국가 한다.

하늘로 팽팽한 두 융기
하나씩의 태양으로
꼭지 익은 순수
자랑의 네 봉우리에 손대지 않는다.

빛과 그 음영의 유연한
엇갈림
스스로 도취하는 향기로운 곡선
탄력의 허릿둥에 손대지 않는다.

이제는 도달한 광막한 안도여.
포만의 두 구릉
넉넉한 전개에 평화로운 무방비여.
개방의 네 볼기에 손대지 않는다.

그 바다소리 들린다.
싱싱히 달려내린 미끈한 산맥
그 사이 아침 숲에 잠자는 곡신
미지의 네 비경에 손대지 않는다.

《水石列傳(수석열전)》

일찍 일어나는 날은
그만큼 더 심심하다.
자꾸만 차거운 바다로 빠지고 싶어 하는 햇덩어릴
손아금에 집어올려 창궁에 던져놓고,

너무 게으른 물의 물소
간특한 산의 독사
대낮에도 살을 뜯는 이리무리
너무 뻗쳐 어리석은 당나귀의 귀를 위해
전쟁놀이 아이들을 좇아 넣기 위해,

갑자기 마른번개
까맣게 먹물구름
와지끈 천둥
억수 억만 폭폭 쏟아 비를 퍼붓는다.

강에 강이 덮치고
산사태 바위사태
허허 막막 붉은 물에
노아만 남는다.

파란 하늘
다시 한 번 낮을 씻겨 햇덩어리 건다.

파닥파닥 비둘기
없는 것은 없어지고
있는 것만 남는다.

아 、 후회하지 않는다.
뭉게뭉게 흰 구름에
수염 쓰다듬는다.

《水石列傳(수석열전)》

100. 돌의 너

왜 너는 눈으로만 말하니? 슬퍼하니?

왜 너는 내게서 달아나는 것으로 내게 오니?

왜 너는 네가 모든 것을 아는지 모든 것을
모르는지를 모르게 하니?

왜 너는 내 앞에 언제나 네 가슴의 열쇠만
절렁거리니?

내가 네 안에 빠질 때 너는 바다만큼 너무 깊고

네가 내 안에 빠질 때 너는 햇덩어리만큼 너무
뜨겁니?

왜 너는 언제나 내가 아니고 너니?

왜 너는 언제나 네가 아니고 나니?

《水石列傳(수석열전)》

해설

인간과 무한한계

신대철

1.

어린 시절 우리가 산꼭대기나 물가에서 허공을 향해 던진 돌들은 그때 그 마음의 형태와 색채와 질로 우리의 밑바닥 어딘가에 떨어져 있다. 어떤 돌은 떨어지는 즉시 깨어져 돌 부스러기로 남아 있고, 어떤 돌은 조금씩 자라나 우주가 되어 있고, 어떤 돌은 우리 밑바닥 어딘가에 흔적만 남기고 다시 하나의 사물로 우리 앞에 아무렇게나 놓인다. 그러나 이 모든 돌들은 우리의 형성 그 자체이다.

그런데 水石(수석)은 어린 시절의 돌들과는 달리 우리와 우연히 맺어진 돌이 아니라 우리가 선택한 돌이다. 그것은 돌이나 나무 속에 조각이 존재하는 것처럼 돌 속에 상징적 의미를 띠고 있어 우리의 형성 전체를 보고 듣고 느끼게 해주는 돌이다. 특히 박두진이 개척한 추상석은 그 예술적 기법이나 상징적 의미에서 거의 완벽하다. 이 완벽성 앞에서 박두진은 인간이라는 한계를 느끼지 않을 수 없었을 것이다. 그가 40여 년 동안 쓴 총 7백여 편 가운데 절반에 가까운 시가 水石詩(수석시)이고, 거의 대부분이 기독교인이 되기 위한 자신의 인간적인 극복을 노래하고 있다는 사실은 이 점을 단적으로 입증해 준다.

물론 분량에서는 수석시가 거의 연재시라는 점에서

특별히 주목할 바가 아니라 하더라도、내용에서는

우리 시문학사에 유례없는 일면을 보여 준다.

지금까지 우리의 신앙시는 기독교인으로서의 삶의

자세만 추구해 왔을 뿐、박두진같이 기독교인이

되는 것을 삶의 과제로 삼은 일이 없다.

정지용이나 윤동주 그리고 김현승 같은 시인이

있지만 그들은 기독교적인 엄격한 의미에서의、

인간적인 것을 부정하는 시들을 쓰진 않았다.

오히려 그들은 인간적인 것을 강조하는 시들을 쓴

시인들이다.

박두진의 수석시는 기독교인이 되기 위해 끝없이

자기를 선택하여 얻은 수확물이다. 그에게 수석

하나의 선택은 그의 삶의 선택이고 정신의 선택이며

인간의 선택이기도 하다. 만일 그가 探石(탐석)을

단순히 취미 삼아 했다면 그의 수석시는 한 편도

쓰이지 않았을 것이다. 그는 취미로 시를 쓰거나

취미를 시의 소재나 주제로 다루지 않는 시인이다.

그의 신앙시의 하나인 〈사도행전·14〉에

「이처럼 살이 고은、백자나 청자、저대로 의젓한、

蘭(난)이나 수석을 어루만지기는 、 미안하다、ㄴ 같은
구절이 보이긴 하나 이것은 취미 생활에 대한
반성이 아니라 인간적인 삶 자체에 대한 반성이다.
여기 쓰인 청자나 수석、난 등은 나무、구름、
杜甫(두보)、太白(태백)、시、피리 등과 대등한
정신 단위로 쓰이고 있다. 그에게 이것들은 모두
使徒(사도)가 극복해야 할 정신의 단위들이다.
왜냐하면 이 시에 나타난 인간의 시선에는 신
없이 인간적인 것만 남아 있기 때문이다. 이
점은 인간적인 것을 최대로 줄인 〈天台山(천태산)
上臺(상대)〉와 비교하면 금시 밝혀진다.

먼 항하사
영겁을 바람 부는 별과 별의
흔들림
그 빛이 어려 산드랗게
화석하는 절벽
무너지는 꽃의 사태
눈부신、
아
하도 홀로 어느 날에 심심하시어
하늘 보좌 잠시 떠나
납시었던 자리.
한나절내 당신 홀로
노니시던 자리.

이 시에는 온갖 생명체와 더불어 시인의 절대

가치를 나타내던 수석시 이전의 산이 上臺(상대)만 남아 있고 인간적인 것은 최대로 줄어들어 「눈부신」 시선뿐이다. 그것도 줄이기 위해 그는 「아」 「눈부신」 대신 「눈부신」 「아」로 표현하고 있다.

인간적인 것을 극복하여 신 앞에 가장 완벽한 인간으로 다가서려는 그의 이러한 삶의 자세는 초기 시에서부터 이루어진 자세지만 그의 수석시에는 그것이 좀더 집중적으로 철저하게 다루어지고 있다. 언어 사용의 폭도 넓어져 물과 물에 관련된 언어가 이 시에 등장하는가 하면 고유명사들이 다양하게 쓰이고 있다.

그의 시세계의 이러한 변화는 수석에 대한 그의 특이한 체험에서 온다. 그는 한 개의 수석이 상징과 계시와 예술의 힘이 있다고 본다(박두진, 《하늘의 사랑 땅의 사랑》, 서울 문음사, 1979. 333-336쪽) 물론 모든 수석이 다 그런 힘을 갖고 있지는 않다. 그의 수석시를 보면 그중 어느 한두 가지만 강조된 시가 있고, 특히 탐석 체험을 살린 시에서는 그 힘이 가장 줄어들어 수석과의 숙명적인 만남만 남아 있다.

활못 보편 그의 수석시는 매우 다양해 보이지만 다음 두 가지로 요약된다. 하나는 탐석 체험을 통해 나온 시이고, 또 하나는 수석이 나타내는 상징과 예술의 힘을 통해 나온 시다. 앞의 것은 체험적이고 뒤의 것은 선험적이다. 이런 양자는 않지만 편의상 이를 각각 체험시와 선험시로 부른다면, 그의 선험시는 체험시에 비해 구체적인 설득력을 얻어질 수 없다는 점에서 특이하다.

그런데 그의 수석시집 《수석열전》과 《속·수석열전》은 거의 선험시만 보여 준다. 〈등고선〉, 〈驪江(여강) 고독〉, 〈青磁象嵌花井文(청자상감화정문) 陶板(도판)〉 등 몇 편이 그의 탐석 체험을 살리고 있을 뿐, 그의 수석시는 추상적을 노래한 시까지 그 수석을 보지 않아도 그 수석의 내용과 氣(기), 형태, 색채, 곽 등을 상상할 수 있을 정도로 한 개의 수석이 갖고 있는 규정적인 요소들을 그대로 응충해 설파 해 내고 있다. 이것은 그가 인간적인 체험보다는 수석이 하나하나가 일으키는 선험한 힘을 더 힘도 되었기 때문인데, 그 수석을 창창히 살핀다는 점에서는 그의 수석시의 특징을 보지만 그 수석이 갖고 있지 않은 내용을 첨가할 수 없다는 점에서는 그의 수석시의 제한이 되기도 한다.

필자는 이 글에서 그의 시중서 집중적으로 다루어진 인간이라는 한계에 대한 문제를 수석이 지니는 특수성에서 찾아보려 한다. 우선 시와 수석의 관계를 보자.

2

모든 사물은 우리가 그것을 향해 갈 때에 존재를 드러낸다. 우리가 일상생활 속에 묻혀 있거나 주위의 사물에 관심을 갖지 않을 때는 사물은 단순히 자연의 일부 혹은 인간의 일부가 되어 있지만, 그 사물에 다가서는 즉시 우리는 한 사물이 경이롭게도 근원적인 세계를 전개하고 있는 것을 보게 된다.

하이데거는 그 세계를 전신으로 한 귀의 수색에서 본다. 「본다」는 말은 희랍어 Theoria에서 온 말로, 원래는 자기를 떠나고 신을 보는 것, 신과 하나가 되는 것을 뜻하는 종교적인 기원을 가진 말이다. 신은 다름 아닌 使徒(사도)인 그가 수색과의 첫 만남을 「순수 영원한 환희」(독서신문사 편 《나의 중심개념》 1–2–종)과 하고 수색을 통해 「영원 신험적인 아득한 향수」(독서신문사 편 《나의 중심개념》 1–2–종)를 자아내는 신과 신의 조화 능력을 보는 것은 아주 자연스러운 일이다.

그런데 그의 수색은 그의 자연관과 예술관에 큰 영향을 미친다. 그는 자연을 세 단계로 나눈다. 제일 낮은 단계는 자연 그대로의 자연이다. 이보다 한 차원 높은 단계는 예술화된 자연이고, 제일

높은 단계는 앞의 두 차원을 포용하면서 초월하는 차원인데, 이것은 「자연이면서 예술품, 인간이 자연을 가지고 창조한 그 의도와 솜씨보다도 더 미묘하고 경이로운 존재물」(《하늘의 사랑·땅의 사랑》, 337쪽)인 바로 수석이다. 그는 수석을 통해 자연과 예술을 일원화하고 있다.

그뿐만 아니라 그는 신의 예술과 인간의 예술을 구분한다. 수석이 신의 사랑면 수석시는 인간의 시이다. 다음 글들은 이 점을 소상히 밝혀 준다.

① 언어로 시를 쓴다란 것이 옳은가 시를 쓴다는 것이 옳은가. 언어가 바로 시 자체가 아닌가. 대창이든 실체든 사천이든 주체든 상이든 아무거라도 그것은 무방하다. 가장 가까운 가장 닮은 가장 진실한 시의 분영, 그 얼령임, 그 실체로서의 들의 구체성을 말하려 하는 것이다. (박두진, 「수석과·예술과」, 〈현대시학〉 통권 91호, 10쪽)

② 다시 말하면 이 시 자체는 내가 보는 시, 내가 바라보는 시의 턱, 내가 인상하는 시의 본질 그 자체다. 그것은 한계가 없고 궁극을 드러내지 않고 본질을 보여 주지 않는다. 내가 인상하는, 내가 시라고 느끼는, 내가 음상하는, 좀 나흘게 주어진 시는 아무피도 다하지지 않고 아무리 길어 내도 길어 내도 바라도 드러나가 그 근원이 고갈하지 않는 것임을 말한다. (박두진, 「시의 궁극」, 〈심상〉 통권 2호, 24쪽)

②는 그가 《수석열전》을 끝낼 무렵 쓴 글이고
ⓞ은 《수석열전》과 《속·수석열전》을 다 끝낸 뒤에
쓴 글이다. ①、②의 공통점은 시가 인간과의
관련에서 다루어지지 않고 신과 인간과의 관련에서
다루어지고 있다는 점이다.

이 문맥으로 보면 시에는 언어로 쓰여진 시와
언어 없이 쓰여진 시가 있는데、이 두 시의 관계는
인간이 신을 닮았지만 인간일 수밖에 없는 것처럼
언어로 쓰여진 시는 언어 없이 쓰여진 시를 닮았을
뿐、엄격히 말하면 시 자체일 수는 없다. 그가
하나의 현실적인 인간으로서 이 세상의 일 중 시
쓰는 일을 가장 값있는 것으로 생각하면서도 시가
궁극적으로 자신을 구원할 수 없다고 말하는 것은
그의 시가 인간의 것인 한、영혼의 말을 대신해
주지 못하기 때문이다.(박두진、「시의 궁극」、
《심상》통권 2호、25쪽) 그에게는 언어 없이
영혼으로 쓰여진 시만이 그 자신을 구원할 수 있는
것이다. 그 영혼의 주체는 물론 신이다.

그는 언어 없이 쓰인 신의 시를 구체적인 실물인
수석에서 본다. 그래서 그의 수석시는 그 수석이
갖고 있는 상징과 계시의 내용은 물론이고 그

규정적인 요소들을 그대로 응축하여 설파 하고 있을
뿐만 아니라 내용과 규정 일치하려는 정신적인
자체를 갖는다. 이런 정신적인 자취는 다음 시와
산문을 보여 주는 자연 친화 감정이 자취하는 다름다.

㉠ 산이 좋아.
무엇보다 특징은
산이 획일 좋아.

산이로 가는 길은 내가 산을 가는 날.
산이 나를 찾는 날.
내가 나를 찾는 날.

(〈산이 좋다〉 중)

② 말하자면 이 바다와 그 환희 함추는 자연은 대한
하나의 첵로운 開眼(개안)을 의미하는 것이었다.
자연은 신이나 항이나 들·하늘과 별, 그리고 해와
달, 인간과 물자기로 대표되면 선량한 인식이로는 이
무한히 동적인 바다, 끝없이 펼쳐져 있는 수평선, 그
끝을 모르는 깊숙한 호구섭, 편화무한한 설렘히
의지적인 물 말림, 끊임없는 정열과 포용력은 그 후
20여의 짧은 나, 병정으로 정적인 나로 하여금
열대감성, 大悟一番(대오일번)의 정신적 전기, 나의
자연관에 대한 대동적인 수정을 가하게 했다.
(《하늘의 사랑 땅의 사랑》 187쪽)

(〈하·동형〉 중)

③ 파다앙팔로 신이 청조한 디 중하는 가장 항권에 속하는 것이 아닐 수 없습니다. (《하늘의 사랑 땅의 사랑》 1~2, 3쪽)

〈應積鳥 (무적도)〉 에서

인용돼 시의 신문은 그가 다섯 살 때 가터에서 실구꽃과 배꽃을 통해 자연의 처음 깨인 (《하늘의 사랑 땅의 사랑》 3~1쪽)한 이후 그의 깨속적인 깨인의 설패들이다. 여구자의 자연은 있는 그대로의 자연이로, '하나의 천미의 대상을 뿐이다. 다시 말하면 하나의 화백한 인격체가 아니라 인간과 정신적인 교감을 할 수 있는 대상이 지자 않는다. 그의 이랴한 자연 동화 현상은 그의 시 이다지 말면 된다. 특히 〈하늘〉 같은 시에는 그것이 아름답게 표현되어 있다.

그러나 같은 동화 현상을 다루고 있는 그의 수석시의 하나인 〈자화상〉은 대상이 정저적인 내용보다는 그 인격적인 내용과 일체화되어 있다. 이 하의 인격은 파체로 주어진 인격, 즉 신적 企圖(기도)가 설현돼 인격이다. 그의 수석시에는 매뉴 당신과 나로 나답다 나와 마음 관계를 맺고 있는데 〈찬처상〉하는 그것이 행복한 열쇠를 이루고 있다.

돌과 돌들이 굴러간다가 나를 두들기고,
모래와 모래가 슬퍼간다가 나를 두들기고,
물결과 물결이 굶어간다가 나를 두들기고,

나무도 기나긴 외로이 서울,
(중략)

그, 분노가 나를 두들기고,
회의와 불안,
고독이 나를 두들기고,
절망이 나를 두들기고,
(중략)

진리와 평화
사앙가 나를 두들기고,
쿠페가 나를 두들기고,

끝없는 아름다움
예술이 나를 두들기고,

나사렛 예수
주 그리스도와 하느님,
말씀이 나를 두들기고.

모든 것을 오직 피부로만 견뎌 이기는 수석을 통해 현실적인 인간으로서의 자기 형성 과정을 노래하고 있는 이 시는 「그 분노」를 중심으로 하여 앞부분은 수석의 형성 과정을, 뒷부분은 인간의 형성 과정을 보여 준다. 그런데 「두들기고」 하나로 수석과 인간은 일체화되어 그의 《자화상》은 수석의 形成因(형성인)을 육체로 삼는 독특한 기독교인상을 나타낸다.

수석에 일치하려는 그의 노력은 시의 기법에도 그대로 나타난다. 「두들기고는 수석이 형성되기까지의 시간의 지속성을 인간의 형성에 적용한 것으로서, 「두들기고」 라는 말은 약한 부분이 떨어져 나가고 질이 좋은 면만 남는 수석의 그 지속적인 형성의 힘을 받아 단련과 정수의 뜻을 동시에 지니게 된다.

그의 수석시의 이러한 특징은 인간이라는 한계를 극복하려는 시들에서 집중적으로, 그리고 좀더 특징적으로 나타난다.

3

박두진의 수석시는 앞에서 잠시 언급한 바와 같이 시의 실체인 수석 하나하나와의 인격적인 대면에서 일어나는 감동과 깨달음을 표현한 시다. 그래서 그 실체의 개성적인 요소들이 시의 내용과 기법에 그대로 응축되어 살아난다. 이것은 그의 선험시에 특징적으로 나타나는데, 외형적이긴 하나 그의 체험시에도 그 흔적이 남아 있다. 죽음을 무릅쓴 탐석 체험을 노래한 〈등고선〉에는 「뱅글뱅글 돌아 올라 등고선이 감긴, 재회색 거북이 꼴의 곱디고운 살결」과 같은 수석에 대한 직접적인 묘사와 설명이 보이고, 수석 채집을 노래한 〈靑磁象嵌花卉文(청자상감화훼문) 陶板(도판)〉에는 제목이 암시하는 바와 같이 색채가 남아 있다.

그의 수석시 가운데 수석적인 것, 이를테면 수석의 氣(기), 형태, 색채, 리듬, 격 등이 가장 줄어든 시는 기도문 형식을 취한 시들이다. 〈저 고독〉에서는 수석적인 것이 가장 줄어들어 지시 관형어 「저」만 남아 있다. 줄여 말하면 그의 체험시에 수석의 내용이 줄어들어 있는 데 비해 기도문 형식을 취한 신앙시엔 수석적인 것이 줄어들어 있는 셈이다. 이 점은 단순한 인간과 그것을 극복하려는 인간과의 대비로 설명할 수도 있을 것이다. 이때의 수석의 내용과 수석적인 것의 비교는 선험시의 기준에 의한 것이 아니고 체험시와 기도시의 비교에 의한 것이다.

그의 수석시 가운데 수석이 가장 잘 살아난 시는 수석이 응축되어 있고 분신화되어 있는 선험시이다. 그는 선험시에서 인간이라는 한계를 집중적으로 다루는데, 그 한계는 인간이 수석만큼

완전무결하지 못하다는 데서 온다 · 정선된 한 개의
수석은 범자연의 속성을 완전무결하게 닮은 데 비해
인간은 하느님의 속성을 완전무결하게 닮지 못하다는
것이다(「수석미·예술미」) · 그래서 그 한계는 「내가
가장 인간이고자 할 때」 최악의 상태가 된다 ·

내가 땅의 일에 마음을 쓸 때
너는 하늘의 일을 생각하고、

내가 하늘의 일을 생각할 때
너는 땅의 일에 골몰한다 ·

내 손이 겨우겨우 닿지 않을 만큼
언제나 단정하게 거리를 재어 갖는、

내가 가장 인간이고자 할 때
가장 나는 네 앞에 초라하다 ·

너는 언제나 반쯤만 눈을 뜨고
반쯤만 내 앞에 가슴 열어、

해설

항주 공원하는 엇으표할 수 없는 앙의 얼압
그 표상가 그 하들의 필발흥 삿아로 표으 서.

박가 출지는 감정이 푸른 늪
박가 어르는 사상의 앙상을 조용히 지펴본다.

너는 언제나 황홀로 거두 찾고
나는 언제나 피 엎흥 포흥로 홀로 앉다.

(《靜(정)》 전문)

이 시는 그의 전합시 가운데 특히 무웅이 앙조로 시인대, 여기서 나와 너의 관계는 시인과 수상의 관계만은 아니다. 이것은 인간적인「나」와 「나의 진정한 나」, 나의 나로 실존적인 참 나, 혹은 신과 나의 관계 앙조시의 그 나 자체의 가장 내부에 존재하는 삿아 인식, 그 실체가 옥구하는 어면 갑피갑은 소피」(「시의 공구」, 25쪽)와의 관계이기도 하다. 그가 「모든 시로서 불리 보느는 모든 나」(방두진, 《현대시의 이해와 체험》, 서율 일조각, 1976, 170쪽)라고 말하는 것은 이 점을 좀더 뒷받침해 준다. 결국 나와 나의 관계는 〈포옹〉에서처럼 「편 편 나 촌자가, 나 혼자를 만나」신 앙흥 「포로서 그 하나로의 앙원한 회구」를 가질 때 그 절정에 달하는데, 〈靜(정)〉에서처럼 나와 나의 관계가 완전히 분리되어 있고 더욱이 「내가 가장 인간이고자 할 때」하는 그 관계는 수직적인 관계가 된다. 그의 시

표현대로 말하면 「비애」와 「황홀」의 관계가 된다.

그러나 나와 너의 관계는 네가 일방적으로 만드는

관계라기보다는 내가 거리를 재어 가질 수도 있는

상대적인 관계이며 상호의존적인 관계이기도 하다.

〈거리〉에는 나와 너의 거리가 〈靜(정)〉과는 달리

서로의 행위를 지켜보며 「피로울」때 기댈 수

있는 수평적인 거리로 되어 있다. 거리의 주체도

「나」다. 그럼에도 거리가 느껴지는 것은 나와 너의

관계가 「청각」과 「영혼」, 「감각」과 「꿈」으로

각각 대립되어 있기 때문이다. 그에게 인간이라는

한계의 높낮이는 바로 이 대립 개념에서 비롯된다.

그에겐 「영원을 주격」 《하늘의 사랑 땅의 사랑》、

92쪽)으로 한 현재 중심의 삶일지라도 육체와

직접 결부되어 있는 감각이나 감정적인 삶은

정신적인 삶에 비해 한 단계 낮은 삶이고、정신적인

삶일지라도 인간의 삶인 한、신 앞에서는 인간의

한계가 다 드러나는 인간적인 삶에 불과하다.

이러한 그의 삶의 단계들은 그로 하여금

인간으로서 완벽한 삶을 추구하게 하여 「너

나의 앞의 너의 너 《《완벽한 산장》》를 상정하게

하고 그만큼 거리를 갖게 한다. 말하자면 그에게

나와 너의 관계는 신앙이 가장 완벽한 인간으로 다가서려는 자기 단련의 한 장치이다. 그의 초상 시리즈의 시편 중 〈초상①〉과 〈초상②〉(이하 ①②로 줄임)는 이 점을 단적으로 드러낸다. ①의 「나의 얼굴」은 ②에서 「나」와 「얼굴」로 분리되어 있다. 형상만 갖춘 ①보다 정신과 인격을 갖춘 ②가 한 인격체의 완성체의 완성된 정도로 볼 때 더 완전하기 때문에 그는 「나」와 「얼굴」을 분리시켜 표현하였을 것이다. 그러나 ②도 〈靜(정)〉과 〈거리〉의 끝부분 「문득 나와 눈이 마주칠 때, 비로소 네 눈은 화등그래 행복한다」같은 구절이 있음에도 像(상)만 강조된 느낌을 준다. 그것은 그가 수석을 함도한 데서 기인한다.

그의 신협성에서 아와 같이 거리와 인간이라는 한계는 서로 맞물려 있다. 수석을 그들 함도한 경우에는 나와 너는 긴장 관계를 맺으면서 수직 관계를 나타내지만, 그가 수석을 함도할 경우에는 나와 너의 관계는 〈한탄 강의 표〉와 〈稚龍圖(치룡도)〉에서처럼 그 관계는 영상화되어 主情(주정) 관계만 남는다. 설정시 〈산이 사는 사슴〉 같은 시에는 「흐름이 도달할 수 있는 가장 가능한 동정의 체계」(《하늘의 사랑 땅의 사랑》, 338쪽)만 남아 있다.

그러면 그가 두 권의 수석시집에서 추구하고 있는 인간이라는 한계의 끝은 무엇인가.

① 신발이 닳고

발바닥이 피흘려도 올라갈 수 없어라.

정상으로 오르고
무릎이로 오르고
가슴과 팔
이마로 올라가도 다다를 수 없어라.

눈이로 볼 수 있는 하늘이 하늘 끝
마음이로 닿을 수 있는
마음이 마음 끝
흥겨워도 이마로는
바라다볼 수 없는

그 이상 아득하게
벼리ㅅ을 차고
구다랗게 하늘 끝에
아아 올라 주설
그 정상 이마저저 흘로 올어라.

② 누구가 저그를 올라갈까
꿈이로 창아올린 하늘 닿는 저 꼭지

땅 지천 샘물 솟을 웅기의 저 나말
누가 저기를 올라갈까
손 있고 발 있고 보을 타지 있고서도
그대 하니 가슴 열편 가웃조차 할 수 없는
정해과 필필 어느 꽃이 사피 그 느매
회피한 저 봉아피를 누가 올라갈까

㉠은 〈지리산(智異山)〉이고 ㉡는 〈야학〉이다. 두 시 모두 〈천태산(天台山) 상대(上臺)〉처럼 높이가 무엇의 일부가 아니다. 그 전부로 다루어지고 있다. 가령 산은 우주를, 야학은 인간을 상징한다는 점에서 그렇다. 그런데 산은 至聖(지성)과 결부되어 있고 야학은 至純(지순)과 결부되어 있다. 그리고 산을 통해 ㉠이 신이 의한 인간의 구원을 노래하고 있는 피해 ㉡는 야학을 통해 인간의 꿈을 향한 인간의 자세를 노래하고 있다. 그의 삶의 단계로 본다면 그는 ㉡를 거쳐 ㉠로 나아가야 할 것이다.

그의 시에서 보이는 이러한 자연 우위 현상은 자연이 인간보다 신의 절대적인 진리를 더 엄밀하게 실천 구상한다고 보는 데서 온다. 물론 이하는 그의 인간 체험이 작용했을 것이고, 그의 1.5년의 걸친 수석 체험은 현실적인 인간의 그 자신도 자연 이상일 수 없음을 근본적으로 깨닫게 했을 것이다. 이 점은 인간의 극복을 자신으로부터 문제 삼는 것으로나 수석을 자신의 육체로 삼은 〈자화상〉. 그리고 ㉠, ㉡와 같이 신과 야학의 높이를 다룬 〈단번설 遠山(원산)〉과 〈나의 옹기〉를 통해 그렇게

짐작할 수 있다.

그러나 그의 인간 부정은 인간 자체에 대한 부정이 아니라 인격이 없거나 인격을 하나의 과제로 받아들이지 않는 인간에 대한 부정이다. 앞에서 살펴본 그의 수석시에서의 나와 너의 역동적인 관계는 이 인격을 근거로 하여 이루어진 것이다. 이 인격에 대한 문제는 〈유방〉에도 그대로 적용되어 있다. 가령 구약성서의 한 부분인 〈雅歌(아가)〉에는 유방이 종려나무 열매·양·포도송이·망대 등으로 표현되어 있는데, 이들은 모두 처녀의 지순함과 접근 불가능성을 나타낸다. 그대가 가슴을 열면 접근할 수 있는 그의 〈유방〉 표현에 비하면 〈아가〉의 정신은 보다 덜 열려 있는 셈이다.

이것은 그가 인격적인 만남을 전제로 했기 때문에 얻어진 표현이다. ①의 신 앞에 서 있는 인간도 이런 차원에서 이해해야 할 것이다. ①에서의 인간은 〈천태산 상대〉에서 영원의 근원이신 하느님과 하느님의 보좌를 본 인간으로서 인간이라는 한계의 높이를 무한 한계로 삼은 인간이다. 왜냐하면 기독교인이 되는 것을 삶의 과제로 삼은 자에겐 인간이라는 한계의 높이는 신 앞에서는 무한한계이기 때문이다. 그는 그것을 「정상 이마직」이라는 말로 실감나게 표현하고 있다.

자기 자신을 무한히 열려는 자에게는 인간이라는 한계는 ①에 「하늘의 하늘 끝」으로 표현되어 있는 그 끝이 보이지 않을 것이다. 더욱이 신 앞에 가장 완벽한 인간으로 다가서기 위해 기독교인이 되는 것을 끊임없이 선택한 그에게는 신이 「커다랗게 허릴 굽혀, 안아올려 주실 자리인 그 「정상」을 향해 오를수록 거기서 더 멀어질 것이다. 이 점은 현재 《문학사상》에 연재 중인 《수석연가》의 하나인 〈가을 절벽〉에 잘 나타나 있다.

저,

절벽이 절벽에 매달려 있다.
절벽이 절벽 위에
절벽이 절벽 아래 매달려 있다.

절벽이 절벽끼리 매달려 있다.
절벽이 절벽 뒤
절벽이 절벽을 이고 서고
절벽이 절벽에 등을 대고 있다.

절벽이 절벽 옆
절벽이 절벽을 딛고 서고
절벽이 절벽에게서
절벽이 절벽을

낮고 낮고 또 낮고 낮고
낮고 낮고

아주 깊은 아픔 층층 절벽이 절벽이
패였어 있다
어디하나 잡힐데
절벽이 절벽이 패였어 있다

(〈가을 절벽〉 일부분)

「절산」과 「절산 이마직」이 거리를 좀더 말도 없게 아주적인 차원에서 다른 〈가을 절벽〉은 선과 악이 공존하는 인류의 비극적인 상황을 층층구조로 드러내고 있다. 선도 악도 구원되지 않는 인류의 이 비극적인 상황을 그는 「절벽이 절벽이 패였어 있다」고 말한다. 절벽 한쪽에는 선의 '해수' 성모 마리아가, 다른 한쪽에는 똥균이 ', 또 다른 한쪽에는 아첨이 나와 한반도 그리고 5대주 6대양이 ', 헤미사을이 패였어 있다. 그는 이 시에서 구원 없이 절망만 남은 인류의 총체적 상황을 한폭의 비극적인 주산화로 향출하게 펼쳐 보이고 있다.

이런 정신의 단위로 말하자면 우리 시 가운데
수석연작시만 한 시를 찾아보기 어려울 것이다.
아직 연재 중인 시가 남아 있으므로 수석시에
대한 전반적인 평가를 하긴 어려우나 이 두 권의
시집만으로도 그는 우리 시문학사상 기독교적인
의미에서의 첫 인격시인이라 할 만하다.

해설

경기도 안성 출생.

〈향현〉 〈묘지송〉 〈낙엽송〉 〈의〉 〈들국화〉 등의 작품으로 《문장》에 정지용 시인의 추천을 받음.

조지훈, 박목월 시인과 3인 시집 《청록집》 출간.

시집 《해》 출간.

시집 《오도》 출간.

제4회 아세아자유문학상 수상.

수상집 《시인의 고향》 출간. 연세대 조교수 부임.

시론집 《시와 사랑》 출간.

《한국전래동요찬본》 출간. 시집 《거미와 성좌》 출간.

제12회 서울특별시문화상 수상. 시집 《인간밀림》 출간.

《청록집·기타》와 《청록집 이후》를 박목월, 조지훈과 함께 출간. 시집 《하얀 날개》 출간.

수상집 《생각하는 갈대》, 시론집 《한국현대시론》 출간. 이화여대 부교수 부임. 3·1문화상 예술상 수상.

연세대 교수 재부임.

수상집 《언덕에 이는 바람》, 시집 《고산식물》, 《사도행전》, 《수석열전》, 시론집 《현대시의 이해와 체험》 출간.

제21회 대한민국예술원상 수상. 시집 《속·수석열전》 출간.

시집 《야생대》 출간.

1916년 3월 10일

1939년

1946년

1949년

1953년

1956년

1959년

1960년

1962년

1963년

1967년

1970년

1972년

1973년

1976년

1977년

박두진
연보

시집 《포옹·무한》 출간.

연세대에서 정년퇴직. 《박두진 전집》 시 부문 전10권 출간. 단국대 초빙교수 부임.

시집 《별과 조개》, 《하늘까지 닿는 소리》, 《기(旗)의 윤리》 출간.

시집 《수석연가》 출간

추계예술대 전임대우 교수 부임. 수상집 《돌과의 사랑》 출간. 수상집 《그래도 해는 뜬다》, 시선집 《일어서는 바다》 출간.

시선집 《불사조의 노래》 출간.

제2회 인촌상 수상.

제1회 지용문학상 수상

수필집 《햇살, 햇볕, 햇빛》 출간.

제15회 외솔상 수상.

〈박두진 산문 전집〉 출간.

〈박두진 문학정신〉 전7권 출간.

제1회 동북아 기독문학상 수상.

신촌 세브란스병원에서 별세.

유고 시집 《당신의 사랑 앞에》 출간.

동시집 《해야 솟아라》 출간.

*박두진은 예술원 회원에 추대된 바 있으나
군부독재 정권의 혜택을 받을 수 없다 하여
문민정부가 들어선 후에야 수락했다.(편집자)

1980년
1981년
1982년
1984년
1986년
1987년
1988년
1989년
1991년
1993년
1995년
1996년
1997년
1998년 9월 16일
1999년
2014년

박두진
연보

**박두진
시 전집 4**

The Complete Poems of
Park Doojin 4

2018. 4. 19. 초판 1쇄 인쇄
2018. 5. 11. 초판 1쇄 발행

지은이 박두진
펴낸이 정애주
펴낸곳 주식회사 홍성사
등록번호 제1-499호 1977. 8. 1.
주소 (04084) 서울시 마포구 양화진4길 3
전화 02) 333-5161
팩스 02) 333-5165

홈페이지 www.hsbooks.com
이메일 hsbooks@hsbooks.com
페이스북 facebook.com/hongsungsa
양화진책방 02) 333-5163

ⓒ 이희성, 2018

• 이 도서의 국립중앙도서관 출판예정도서목록(CIP)은
서지정보유통지원시스템 홈페이지(http://seoji.nl.go.kr)와
국가자료공동목록시스템(http://www.nl.go.kr/kolisnet)에서
이용하실 수 있습니다.(CIP제어번호: CIP2018011498)

ISBN 978-89-365-1284-2 (04230)
ISBN 978-89-365-0548-6 (세트)